U0592163

智慧物流生态的共建共赢机制

刘和福 蔡 昭 陈 猛 著

科学出版社

北 京

内 容 简 介

本书从商业生态系统视角，侧重智慧物流场景，分析智慧物流生态共建的动因、共建机制和共赢机制。其中，第一部分分析智慧物流生态共建的动因，从共建内在动机与能力、伙伴基础和环境条件三个方面厘清促进智慧物流生态共建的因素；第二部分剖析智慧物流生态共建机制，从知识共享、组织敏捷性、服务创新和战略决策四个方面明晰建设智慧物流生态的路径；第三部分侧重于智慧物流生态共赢机制，研究基于业务对象整合、流程整合、数字化能力、市场导向的价值创造模式。

本书将智慧物流生态理论与管理实践有机结合，系统梳理智慧物流生态价值共创机制，为智慧物流生态的可持续发展提供了思路。本书不仅适合高校物流管理专业的教师和学生阅读，也适合供应链和物流管理的从业者使用。

图书在版编目（CIP）数据

智慧物流生态的共建共赢机制 / 刘和福，蔡昭，陈猛著. —北京：科学出版社，2023.6

ISBN 978-7-03-071535-7

Ⅰ.①智… Ⅱ.①刘…②蔡…③陈… Ⅲ.①互联网络－应用－物流管理 Ⅳ.①F252-39

中国版本图书馆 CIP 数据核字（2022）第 028187 号

责任编辑：李 嘉 / 责任校对：王 瑞
责任印制：吴兆东 / 封面设计：有道设计

科 学 出 版 社 出版
北京东黄城根北街 16 号
邮政编码：100717
http://www.sciencep.com

北京盛通数码印刷有限公司印刷
科学出版社发行 各地新华书店经销

*

2023 年 6 月第 一 版 开本：720×1000 1/16
2024 年 8 月第三次印刷 印张：10
字数：199 000

定价：106.00 元
（如有印装质量问题，我社负责调换）

作者简介

刘和福，安徽马鞍山人，管理学博士，现任中国科学技术大学管理学院教授、博士生导师，国家自然科学基金优秀青年基金项目获得者。担任 *Industrial Management & Data Systems* 高级编辑，*Information Technology & People* 和 *Electronic Commerce Research and Applications* 副主编，中国信息经济学会常务理事、国家自然科学基金评审专家。研究领域包括信息系统管理、IT 价值创造、运营管理、商业模式创新、全渠道管理等。主持和参与多项国家自然科学基金项目和国家重点研发项目，研究成果发表在 *Journal of Operations Management*、*MIS Quarterly*、*Production and Operations Management*、*Decision Sciences*、*Decision Support Systems* 等期刊上。

蔡昭，安徽蚌埠人，管理学博士，现任宁波诺丁汉大学商学院信息系统学副教授。担任 *Industrial Management & Data Systems* 管理编辑以及 *Internet Research* 副编辑，中国信息经济学会理事。主要研究领域为数字化供应链管理、平台竞争和共享经济。主持和参与多项国家自然科学基金项目，研究成果发表在 *MIS Quarterly*、*International Journal of Operations and Production Management*、*Information and Management* 等期刊上。

陈猛，安徽颍上人，管理学博士，现任中国科学技术大学特任副研究员，担任 *Industrial Management & Data Systems* 和 *Internet Research* 编委，中国信息经济学会理事。主要研究领域为数字化供应链管理和数字化商业模式创新。主持和参与多项国家自然科学基金项目，研究成果发表在 *International Journal of Operations and Production Management*、*Decision Support Systems*、*Industrial Marketing Management*、*Information and Management*、《管理学报》等期刊上。

前　　言

人工智能、区块链、云计算、大数据和物联网等新兴数字化技术的发展与广泛应用，加快了现代物流运作模式的智能化变革，使构建智慧物流生态成为物流业发展的新趋势。2021 年 12 月，国务院印发的《"十四五"数字经济发展规划》提出："大力发展智慧物流。加快对传统物流设施的数字化改造升级，促进现代物流业与农业、制造业等产业融合发展。加快建设跨行业、跨区域的物流信息服务平台，实现需求、库存和物流信息的实时共享，探索推进电子提单应用。建设智能仓储体系，提升物流仓储的自动化、智能化水平。"智慧物流生态是以新兴数字化技术为依托，以平台化运营为核心，推进产业链和供应链中的供给方、需求方和物流运营方间的实物流、信息流和资金流在物流价值链上的运输、仓储、包装、装卸搬运、流通加工、配送等环节的高效流通，实现全局效率最优的现代综合智能型物流系统。

虽然智慧物流生态已经得到了广泛关注，但企业与合作伙伴该如何共建智慧物流生态并实现价值共创仍缺乏系统理论梳理。目前，智慧物流生态的构建具有前期投资大、数字化管理观念转型不到位、数据基础标准体系未统一、参与方数字化水平参差不齐、数据共享和协同程度低等障碍。智慧物流生态中的参与企业必须明确智慧物流与传统物流的差异，促进智慧物流生态共建，从而协调和发挥各参与方的资源禀赋。此外，智慧物流生态共建往往是一项长期、复杂的系统工程。企业需要基于科学的管理思维，明确智慧物流生态共建的路径。智慧物流生态主导方还需要全盘考虑各参与方的价值创造方式，通过整合与分配资源，打通价值链的上下游，帮助生态中的各方实现价值共创，从而提升智慧物流生态的可持续性与稳定性。

为了加深智慧物流生态价值共创的理解，本书从企业智慧物流生态共建动因、共建机制和共赢机制三个方面展开研究。首先，本书从企业内在动机与能力、伙伴基础与环境条件三个方面，对智慧物流生态的共建动因展开探索，以厘清如何促使企业积极参与智慧物流生态共建。其次，本书对智慧物流生态的共建机制展开深入细致的探索，从知识共享、组织敏捷性、服务创新和战略决策四个重要方面探寻建设智慧物流生态的最佳路径。最后，本书探讨智慧物流生态如何帮助参与主体实现合作共赢，研究基于业务对象整合、流程整合、数字化能力、市场导向的价值创造模式，以梳理智慧物流生态中可行的价值创造路径，给主导方和参与方提供决策参考。

由于作者水平有限，书中不足之处在所难免，恳请读者批评指正。

作 者

2022 年 10 月

目　　录

第三部分　智慧物流生态共赢机制

第 1 章 绪 论

随着人工智能、区块链、云计算、大数据和物联网等新兴数字化技术的发展与应用，中国企业逐步实现物流的数字化、自动化、可视化、网络化和智能化变革，形成了智慧物流新态势。智慧物流是利用新兴数字技术、数据驱动实现对物流活动的实时检测、自动控制和智能优化，以促进物流价值链整合的新型物流模式。预计到 2025 年，我国智慧物流市场规模将超万亿元。物流业也涌现了普罗格、梅卡曼德、海柔创新、普渡科技、鸭嘴兽、商越科技、联核科技等智慧物流解决方案服务商。智慧物流的发展深刻改变了市场竞争格局，使企业间的竞争转变为物流生态圈间的抗衡。因此，企业必须通过新兴数字化技术，以平台化运营为核心，广泛连接产业链和供应链中的供给方、需求方和物流运营方，共建智慧物流生态。阿里巴巴、京东、日日顺、顺丰等企业已经开始基于数字化技术，与合作伙伴共同打造采购、仓储、运输和配送一体化的智慧物流体系，针对跨境、干线、城际、城配和最后一公里物流推出了智能解决方案，推进智慧物流生态的高效运行。

与此同时，国家也出台了一系列政策鼓励企业打造智慧物流生态。国务院印发的《"十四五"数字经济发展规划》、国家发展改革委等征集的《关于推动物流高质量发展促进形成强大国内市场的意见》、商务部等九部门推出的《商贸物流高质量发展专项行动计划（2021—2025 年）》、商务部等五部门发布的《关于继续推进城乡高效配送专项行动有关工作的通知》等，都鼓励企业不断提升物流网络化、集约化、标准化和智能化水平，促进物流降本增效，构建高效畅达的智慧物流生态。《"十四五"数字经济发展规划》将打造智慧物流生态列为重要的国家战略规划。智慧物流发展相关政策如表 1.1 所示。

表 1.1 智慧物流发展相关政策

发布时间	发布部门	政策文件名称
2016 年 7 月	国家发展改革委	《"互联网＋"高效物流实施意见》
2017 年 10 月	国务院办公厅	《关于积极推进供应链创新与应用的指导意见》
2018 年 1 月	国务院办公厅	《关于推进电子商务与快递物流协同发展的意见》
2019 年 2 月	国家发展改革委等	《关于推动物流高质量发展促进形成强大国内市场的意见》
2020 年 6 月	国家发展改革委、交通运输部	《关于进一步降低物流成本实施意见的通知》

续表

发布时间	发布部门	政策文件名称
2020 年 7 月	商务部等五部门	《关于继续推进城乡高效配送专项行动有关工作的通知》
2021 年 8 月	商务部等九部门	《商贸物流高质量发展专项行动计划（2021—2025 年）》
2021 年 12 月	国务院	《"十四五"数字经济发展规划》

智慧物流仍处于起步阶段，如何推进智慧物流生态建设仍有待进一步梳理，中国企业打造智慧物流生态仍然面临多重阻碍，如智慧物流前期投资大、数字化管理观念转型慢、数据基础标准体系未统一、参与主体多但数字化水平参差不齐、数据共享和协同程度低等。智慧物流生态主导企业必须明确智慧物流生态的内涵与特点，联合合作伙伴共建智慧物流生态，协调和发挥合作伙伴的资源禀赋，共创物流生态的价值。但是，智慧物流生态共建是一项长期、复杂的系统工程。企业需要基于科学的管理思维，明确智慧物流生态共建的路径。智慧物流生态主导方还需要全盘考虑生态合作伙伴的价值共享模式，促进风险共担和价值共享，从而提升智慧物流生态的可持续性与稳定性。

本书对智慧物流生态的共建动因、共建机制与共赢机制展开研究，共分为三个部分。第一部分系统、全面地剖析智慧物流生态共建的动因。智慧物流生态需要价值链上各环节的企业积极参与，而如何根据各企业在价值链上的角色与自身能力禀赋，采取不同的策略提升其参与智慧物流生态的意愿，是共建智慧物流生态的前提与基础，也一直是学术界与企业界的共同难题。本书第 3 章以企业能力为中心展开探索，将企业参与智慧物流生态共建的动机分为效率、探索、敏捷与互补四个方面。同时，该章阐述了影响企业参与意愿的能力禀赋，识别出数字化能力与吸收能力两种关键能力及其影响机制。第 4 章则将重点放在企业的合作伙伴上，探讨供应链伙伴关系对其参与智慧物流生态意愿的影响机制。该章从伙伴影响力与伙伴信任两个方面展开论述。在探讨细节影响机制时，将伙伴影响力分为中介影响力与非中介影响力来分别阐述，伙伴信任则被分为契约信任、能力信任与善意信任。此外，伙伴影响力对伙伴信任的影响机制也在该章得到研究。第 5 章则将重点放在企业所面临的环境条件上，从外部数字化程度、外部竞争强度和外部制度压力入手进行分析。此外，该章还综合考虑了企业内部文化如何影响其对外部制度压力的解读，从而影响到企业参与智慧物流生态的共建。

第二部分系统阐述智慧物流生态共建机制，为企业与合作伙伴完善智慧物流生态提供指导。本书第 6 章论述如何提升智慧物流生态的知识共享水平，解释回顾性和前瞻性的知识共享内涵，并指出心理契约对知识共享的形式与效果产生的影响，而创业导向对知识共享评价一致性的作用也在该章进行探讨。该章重点关注心理因素对知识共享动机与效果的显著影响，为生态建设的主导方提供解决知识共享瓶颈的思路。第 7 章则聚焦于数字化能力与组织敏捷性的关系，系统剖析组织敏捷性的内涵、分类和影响因素，并探究数字化能力如何通过知识管理能力赋能企业敏捷的构建。该章还考虑了企业创新氛围在构建敏捷能力方面的推动作用，为智慧物流生态如何利用数字化能力提升企业对外部环境的感知与反应能力提供了解决方案。第 8 章侧重智慧物流生态中供应链合作与供应链敏捷性的关系，重点阐述如何通过供应链合作提升供应链敏捷性，并指出数字化能力在其中的推动作用。该章还阐述了关系资本对供应链敏捷性的重要作用，并指出需要综合考虑企业外部环境的不确定性，以综合利用各项资源构建供应链敏捷性。第 9 章重点探索企业在智慧物流生态中如何利用数字化能力进行服务创新。该章关注在企业数字化预算有限等条件下，应当如何投资新兴数字化资源，并优化现有数字化资源配置，以促进突破式和渐进式服务创新。该章探究了数字化探索和利用能力对突破式和渐进式服务创新的影响机制。此外，考虑到服务创新活动涉及多部门的协调配合，该章还探究了企业职能整合对数字化能力与服务创新关系的影响，发现企业的高度职能整合能够帮助企业充分释放数字化能力对服务创新的积极作用。第 10 章探究了企业智慧物流生态中的突发事件决策问题。智慧物流生态具有高度的复杂性，极易受到内外部突发事件的冲击。该章系统分析突发事件背景下，如何基于数字化能力加快决策速度和保证决策质量。

第三部分深入剖析智慧物流生态共赢机制，为生态内各主体实现价值创造与可持续发展提供最佳路径。本书第 11 章阐述智慧物流生态中业务对象整合的价值创造模式，从内部整合、供应商整合和客户整合三个方面探讨企业通过与业务对象整合，从而创造价值的路径。第 12 章探索智慧物流生态中流程整合的价值创造模式，从智能信息整合、智能规划同步和智能运营协作三个方面探讨其价值创造路径。此外，该章还探讨了智慧物流生态中战略伙伴的价值创造模式。第 13 章分析智慧物流生态中数字化能力的价值创造模式。该章旨在厘清数字化能力影响智慧物流生态的价值创造的潜在机制，分析数字化能力如何通过影响高阶的数字化柔性与数字化整合，促进智慧物流生态中的价值创造。第 14 章阐述了智慧物流生态中流程整合与数字化能力的价值匹配机制，通过资源编排理论、权变视角及配置视角等多个方面，全面分析流程整合与数字化能力的匹配模式及其价值创造路径，力图厘清其最佳匹配模式。第 15 章探究智慧物流生态中市场导向的价值创造模式。随着全球化和世界经济竞争的加剧，企业已经开始向市场导向转变管理观念。该章阐述市场导向，即客户导向、竞争者导向和职能协调导向在智慧物流生态价值创造中通过信息共享和运营协调促进智慧物流生态绩效的关键作用，为理解智慧物流生态的价值创造机制提供新的思路。

本书立足于新兴数字化技术给我国物流发展带来的变革，从商业生态系统视角出发，针对数字技术驱动的物流行业特点，以构建智慧物流生态为目标，探讨智慧物流生态的共建动因、共建机制和共赢机制。本书具有以下三个重要理论和管理意义。

（1）揭示智慧物流生态共建的动因，指导智慧物流生态共建规划。智慧物流生态包含了众多参与方，对每个参与方而言，合作伙伴对其实现高效运营与价值创造尤为重要。新兴数字化技术在智慧物流生态场景中的落地，离不开生态内各合作伙伴的通力支持与积极应用。企业需要拥有一定的能力禀赋，以实现与合作伙伴的衔接，进而共同创造价值。同时，企业还需考虑其所处的外部环境条件，动态调整其与合作伙伴的运营策略。但是，现有研究忽略了智慧物流生态与传统物流的差异，较少研究智慧物流生态共建的内外动因。本书将从内在动机与能力、伙伴基础和环境条件三个方面梳理智慧物流生态共建动因。

（2）梳理智慧物流生态共建机制，赋能智慧物流生态共建进程。本书从知识共享、组织敏捷性、服务创新与战略决策等方面对智慧物流生态共建的机制进行系统、翔实的论述。现有智慧物流与供应链的研究更多关注于智慧技术层面，强调工程技术与平台的作用。本书力图在重视物流与供应链管理工程属性的同时，强调其作为管理学科的经营、运作和控制等管理属性，使读者对智慧物流生态共建的原理、方法、应用有一个系统、全面的认知，为企业智慧物流生态共建提供系统支持。本书为企业共建智慧物流生态给出了颇具见解的对策与建议，为推进智慧物流建设提供了行之有效的探索路径，凸显了智慧物流发展的前沿。

（3）阐明智慧物流生态的价值创造模式，实现智慧物流生态共赢。本书对智慧物流生态共赢机制进行全方位、立体化、多角度的深入剖析，厘清智慧物流生态实现价值创造目标的可行路径。智慧物流的发展历程就是一个生态不断开放、扩张、完善的过程，需求方和资源方在这个互联互通的生态里得以放大自身价值，同时也让生态持续增值，进入共赢的良性生长轨道。智慧物流生态通过资源的开放，实现各参与方资源的优势互补、协同共进，产生共享的生态价值，实现多方的价值最大化。本书系统地梳理智慧物流生态价值创造机制，为智慧物流生态的可持续发展提供了思路。

第 2 章　智慧物流生态概述

人工智能、大数据、区块链、物联网等新兴数字化技术的深入应用，赋予了物流实时检测、自动控制和智能优化的新功能，也深刻地改变了物流运作和管理模式。因此，全面构建企业智慧物流生态，提升物流与供应链管理的智慧化水平已是大势所趋。智慧物流生态强调将智慧化扩展到物流生态中的所有参与方与环节，实现产品设计、采购、生产、销售、仓储、配送、服务等全过程的业务数字化、网络协同化和决策智能化。与传统物流相比，智慧物流生态具有更多的数字要素、市场要素和服务要素，强调合作伙伴的资源共享和深度协同，注重系统优化与全物流生态的绩效提升。

2.1　智慧物流生态的内涵

智慧物流生态是以新兴数字化技术为依托，以平台化运营为核心，推进产业链和供应链中的供给方、需求方和物流运营方之间的实物流、信息流和资金流在物流价值链上的运输、仓储、包装、装卸搬运、流通加工、配送等环节的高效流通，实现全局效率最优的现代综合智能物流系统（刘伟华，2020）。智慧物流生态以运作协同、模式创新、节约绿色和开放共赢为目标。运作协同建立在智慧物流生态各参与方的高度整合之上，旨在使用统一的信息技术标准，使物流各环节的数据与实时信息高效流转。模式创新是通过反向定制、精益生产、智能工厂、服务型制造等生产与商业流程新模式，充分利用智慧物流生态高效互联的特点，通过满足市场需求，实现产品与服务的进一步增值。节约绿色侧重智慧物流生态的社会效益，即通过基于全局的优化，实现资源投入与产出的最佳比例，为"碳达峰、碳中和"目标助力。开放共赢则体现了智慧物流生态的灵活性与普惠性，以最小的成本联结和兼容新的合作伙伴，同时基于全局运营平台对收益进行分配，以实现各参与主体的价值共创与共赢。

人工智能、大数据、物联网、区块链和云计算等技术开始在供应链与物流各环节渗透和应用，促进了无人仓、无人车、无人机和无人配送站的发展，使传统物流跨入智慧物流阶段。数字化技术的应用颠覆了传统的物流运作模式，使智慧物流生态具有全新的内涵。

1. 数据赋能，智慧优化

智慧物流生态要求所有物流要素实现互联互通，一切业务数字化，实现物流系统全过程可追溯；一切数据业务化，以数据驱动业务决策与执行，为物流生态系统赋能。具体而言，业务数字化指的是智慧物流生态中的企业加快实行数字化改造，加强大数据、云计算、区块链、物联网等新兴数字化技术的应用，将物流各环节的信息进行数据化、可视化和自动化。数据业务化则意味着智慧物流生态中的企业按照数字化的要求，重组业务流程及组织管理体系，以数据驱动业务，赋能物流各环节，实现效率的提高和成本的降低。数据赋能不是只存在于某一个物流功能中，而是贯穿于智慧物流生态的全过程，实现对各个环节的智能化管理（Feng and Ye，2021）。例如，日日顺物流基于大数据预测的前置仓技术实现了物流先行的理念，从而缓解"双十一"等物流高峰阶段的配送压力，实现整个物流生态的优化运营。在智慧物流生态中的信息传输系统方面，以条形码为基础的自动识别技术、卫星导航追踪定位技术、射频识别（radio frequency identification，RFID）技术、部分传感技术已经得到普遍应用，推动了物流业务流程透明化发展。例如，沃尔玛在中国所有的门店通过 RFID 技术收集商品实时进出仓信息，自动识别商品品类，实现了补货、分拣和库存监控的智能化。在智慧物流执行系统方面，物流自动化技术获得了快速发展，自动驾驶卡车、地下智能物流配送系统、智能货柜和无人机配送等技术开始进入应用阶段，极大地提升了物流效率。例如，京东物流已经深入布局智慧系统、无人技术和数字化供应链，打造全网覆盖、全链共生、全球互通的智慧物流体系。

2. 柔性管理，快速响应

数字化技术的应用加速了数字经济的发展，深刻改变了物流供需关系，要求企业树立"以客户为中心"的管理理念，基于客户需求重塑物流活动。智慧物流生态中的企业需要实现柔性的物流、柔性的控制、柔性的调度和柔性的生产，为客户提供专业、可靠和定制的服务，让客户充分感受到物流服务的灵活性、便捷性，增加客户黏性。柔性化智慧物流生态的发展模式能够让客户掌握物流动态信息，随时提出物流需求，并依赖智慧物流技术落实需求，真正实现以客户为中心的发展理念。智慧物流生态将通过柔性管理，把传统物流中的"实物流"拓展到"服务流""资源流""价值流"，搭建一个真正有潜力的高价值产业系统。例如，日日顺物流致力于探索场景物流模式，在终端配送环节与客户深入互动，洞察客户未被满足的潜在需求，通过生态共创，为客户提供柔性场景解决方案。日日顺物流为上游生产企业提供智慧仓储和送装一体的增值配套服务，深入分析终端市场需求偏好，帮助上游企业及时把握市场需求趋势。此外，日日顺物流还为终端客户构建以场景为核心的套系化一站式服务中心，充分发掘客户的隐性需求，改善客户体验。

3. 深度协同，互利共生

智慧物流生态改变了传统物流企业的运营和组织方式，使众多利益相关方形成了连接与协同的关系，实现了资源集聚与价值共创。智慧物流生态是物流与供应链发展的高级阶段，其建设是一项复杂的系统工程，仅依靠单个企业自身的力量是难以有效完成的，需要物流生态中不同层次的主体进行协同运作，以支持智慧目标的实现。以京东物流为例，其与上游品牌方共生，实现精细化运营和及时响应。京东物流将格力入仓平均时长缩短了 50% 以上，大大提升了其供应链运作效率。京东物流与线下零售渠道共生，整合了各大品牌商、自营和加盟门店等社会化资源，进行全渠道整合，实现了线上与线下库存共享，从门店就近发货，大大提升了配送效率。京东物流与同行快递企业共生，与丰巢实现信息的打通，依赖区块链技术，采用严格的数据加密手段对信息进行高强度的保护。京东物流与海外供应链合作伙伴共生，与日本最大的物流企业之一雅玛多集团签署战略合作协议，在生鲜冷链、跨境物流、全球贸易、物流技术等领域展开全面合作。智慧物流生态中企业的深度战略协同能够重塑产业分工和优化资源配置，实现发展方式的转变和产业新生态的共建。

2.2 智慧物流生态中的数字化

企业智慧物流生态的共建离不开数字化支撑。但是，目前中国企业数字化基础设施水平参差不齐，中小企业往往难以独自搭建物流管理系统。供应链核心企业可以通过基于互联网与云计算的数字化应用系统，为合作伙伴提供低成本、高灵活、方便快捷的智慧物流管理平台，支持数字化采购、销售、库存、计划、预测和订单处理，帮助合作伙伴，特别是中小型合作伙伴进行智能化物流管理。智慧物流通过开放实时的数字化应用系统，连接和集成众多合作伙伴的业务流程，实现信息的顺畅、共享和交换，支撑供应链协同，实现端到端的融合。例如，九州通医药集团股份有限公司（以下简称九州通）通过搭建连接上游医药公司供应商、经销商、终端药店和消费者的数字化应用平台"智药通"，实现医药产品向终端的快速分销。7000 多家医药企业和 7 万多名业务人员使用"智药通"平台实时查询药品品类、价格、库存等信息，进行业务决策。九州通还开发了"健康 998""门店通""九州通网"平台，为药店提供搜索、下单、支付、后台运营管理等功能，连通线上和线下业务，帮助药店获取客流量。基于互联网和云计算的数字化应用系统，九州通有效整合与管理医药资源，构建了包含医药企业、九州通、终端药店和诊所以及消费者在内的智慧物流生态体系，实现了信息互通、物流资源共享，使消费者的需求在终端药店和医药企业等中间环节迅速传递，满足了各方需求，实现了生态圈的高效运作。此外，数字化应用系统还能够为智慧物流生态充分利用资源提供保障。数字化应用系统可以打破企业边界和信息不对称瓶颈，解决传统物流存在的资源闲置问题，降低货车空驶率和仓库空置率。例如，近年来涌现的货车帮、货拉拉、滴滴货运和维天运通等车货匹配和仓货匹配的物流信息平台，实现了物流供需信息在线对接和闲置资源的实时共享，提高企业产品配送自主权和自由度，缩短物流交付时间，有效降低了社会物流成本，从根本上改变了传统物流的业务模式。

数字化赋能使智慧物流具有全新的特征，与传统物流具有显著的差异。首先，在技术支撑上，传统物流采用的是电子数据交换（electronic data interchange，EDI）系统、供应链管理（supply chain management，SCM）系统、客户关系管理（customer relationship management，CRM）系统、企业资源计划（enterprise resource planning，ERP）等技术。这些技术支撑的业务范围比较窄、数据处理效率有限、缺乏实时性。而智慧物流依赖大数据、云计算、人工智能、区块链等技术，能够全面支撑企业的业务，实现实时信息流动，为企业决策提供强大的计算能力。其次，在流程模式上，传统物流是由一系列"链式"衔接的流程构成的，包括开发、计划、采购、制造、交付和支持。每个流程步骤都依靠上一个流程步骤的完成才能实现。一个流程步骤的低效率就会影响后续的流程效率。而智慧物流则是由开放、互联的"网状"流程构成的，包括同步计划、连接客户、智能工厂、智能采购、数字化开发、动态订单履行等。数字化技术使这些流程实现了互通互联。再次，在信息流通方面，传统物流的信息流通往往是阶段性的和线性的，容易导致供应链上下游形成"信息孤岛"，无法实现实时的信息交换。而智慧物流通过大数据、物联网等技术，能够实现对生产、采购、销售和物流的实时追踪，实现物流的可视化。例如，药品零售商 Pharmapacks 通过大数据技术来管理产品价格和销售，实现每 45min 更新一次价格，从而有效地管理存货和进行需求预测。最后，在协作方式上，传统物流的协作往往是局部的协作，而且这种协作方式往往是非实时、非智能的，企业无法及时与合作伙伴调整生产运作计划。而智慧物流实现了整个供应链从供应商到终端客户的实时无缝沟通和合作，使供应链协作方式更具全局性，实现需求和供给的精准预测，从而帮助企业对联合计划进行动态调整和优化。传统物流与智慧物流的数字化比较如表 2.1 所示。

表 2.1　传统物流与智慧物流的数字化比较

比较项目	传统物流	智慧物流
技术支撑	EDI、CRM、SCM、ERP	大数据、云计算、人工智能、区块链、物联网
流程模式	"链式"结构、流程分散	"网状"结构、开放互联
信息流通	线性信息流通、"信息孤岛"	信息实时交换、物流与供应链可视化
协作方式	局部协作、非实时、非智能	全局协作、实时动态调整和优化

2.3　智慧物流生态中的流程整合

智慧物流生态流程整合是指企业与智慧物流生态中的合作伙伴进行战略合作，联合管理内外部组织流程，以实现整个物流生态中产品、服务、信息、资金和决策的迅速流通。智慧物流生态流程整合是一种改善企业内外部的运营、流程与关系的有效管理机制。实施流程整合意味着企业已经从与业务伙伴的短期的、疏远的契约型关系提升到了长期的、紧密的、协作的关系型合作伙伴关系。这种转变有助于企业在其供应链范围内提升产品、服务、信息、资金和决策相关流程的效率，缩短前置时间，提升按时交付能力，为客户创造最大的价值。

智慧物流生态流程整合的完成通常需要数字化协作平台和关系治理机制两个方面的支撑。

首先，成功的智慧物流生态流程整合需要合作企业搭建起一个开放的数字化协作平台。搭建数字化协作平台是智慧物流生态流程整合的首要任务。传统物流的流程整合往往是基于专有标准为基础的跨组织信息系统，无法协调与平衡低成本、大信息量、实时性及广泛部署之间所存在的矛盾。数字化协作平台以数字化应用系统为基础，为企业提供了一个具有开放便利的接口、丰富的功能内容、简单便捷的界面以及低成本运营的协作工具，从而使企业能流畅地与生态合作伙伴进行交易管理、信息共享和运营协调，实现智慧物流生态的流程整合，并更广泛地与业务伙伴进行合作。

其次，智慧物流生态流程整合的建立需要有效的关系治理机制。智慧物流生态的关系治理强调企业间建立长期的相互信任的合作关系，以控制、协调和管理交易行为。有效的关系治理促进企业间形成更为紧密的相互依赖关系，加强企业分享彼此的信息、知识、风险及回报的意愿，降低企业的机会主义行为，鼓励合作伙伴为实现物流生态的长远发展而共同努力。例如，企业间信任的建立，有助于彼此分享有关库存、预测、物流和销售的相关信息，减少"牛鞭效应"所带来的影响。如果缺乏系统的关系治理机制，一个松散的物流生态可能会导致严重的运营无效问题，增加企业交易风险及协作成本。

2.3.1　智慧物流生态流程整合的对象

在竞争激烈和市场迅速变化的商业环境中，智慧物流生态中的企业开始针对不同对象进行流程整合，力图建立和维持竞争优势。智慧物流生态流程整合的对象日益被企业界和学术界所重视。根据整合对象划分，智慧物流生态流程整合可分为内部整合、供应商整合和客户整合。

智慧物流生态中的内部整合侧重于企业内部活动的管理。内部整合是智慧物流生态中的组织为实现相互协作和同步以满足客户需求而将内部业务部门的过程、实践和行为紧密连接。内部整合要求企业建立跨职能部门的政策程序协调合作，在摸索中明确最佳管理实践。智慧物流生态中的企业内部整合的具体事务一般包括以下几点：定期进行跨部门会议；实时跟踪库存状态；实时了解物流相关运营数据；各职能部门通过信息技术进行信息传递；生产与销售职能部门及时互动；对采购和存货管理进行跨部门规划。内部整合强调企业内部的职能部门应该作为有机整体实现协作运营。

智慧物流生态中的供应商整合是指智慧物流生态中的企业与主要供应商合作管理组织间的运营流程，如信息共享、合作规划和联合产品开发，并协作同步组织间的战略、流程、政策和行动。智慧物流生态中供应商整合的具体事务一般包括以下几点：与主要供应商有深层的基于信任和承诺的战略伙伴关系；与主要供应商共同规划快速响应的采购流程；与主要供应商共同制定长期的产品研发规划；与主要供应商共享生产计划、生产能力、库存状态和需求预测信息等。

智慧物流生态中的客户整合反映了智慧物流生态中的企业与客户的信息共享和合作程度。客户整合需要与关键客户建立深入协作关系，以了解他们的需求，并利用彼此的能力增加相互价值。智慧物流生态中客户整合的具体事务一般包括以下几点：与主要客户对市场信息进行深入分享；与主要客户通过信息技术分享信息；为了预测需求可见性，与主要客户联合进行深入的规划和销售预测；与主要客户分享采购和生产流程信息；让主要客户参与企业的产品研发。供应商整合和客户整合强调企业与客户和供应商建立密切互动关系，以协调一致的方式行动，响应市场变化，最大化智慧物流生态的价值。

2.3.2　智慧物流生态流程整合的内容

智慧物流生态流程整合实际上是一个具有渐进特性的企业战略，它的执行并非一次性的，而是需要不断深化进行。随着智慧物流生态流程整合的深入，企业整合的内容也在发生变化。根据整合内容划分，智慧物流生态流程整合可分为智能信息整合、智能规划同步、智能运营协作和战略伙伴四个维度，如图 2.1 所示。

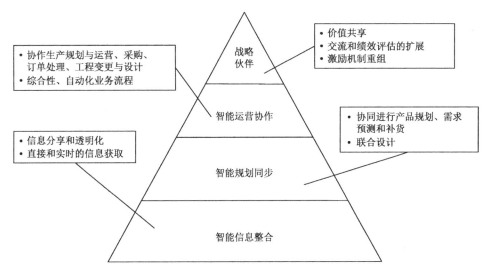

协作生产规划与运营、采购、订单处理、工程变更与设计
综合性、自动化业务流程

战略伙伴

价值共享
交流和绩效评估的扩展
激励机制重组

智能运营协作

协同进行产品规划、需求预测和补货
联合设计

信息分享和透明化
直接和实时的信息获取

智能规划同步

智能信息整合

图 2.1　智慧物流生态流程整合的四个维度

1. 智能信息整合

智能信息整合是智慧物流生态中成员间信息分享的程度。智能信息整合主要涉及智慧物流生态中销售、库存、生产和运货计划相关信息的有效管理和利用。智能信息整合要求企业加快数据标准的制定，解决数据编码不规范和不一致问题，将结构化和非结构化数据进行融合，解决系统不兼容问题，打破智慧物流生态中的"信息孤岛"，实现异构数据库之间的互联互通。同时，智能信息整合还要求合作伙伴间基于数字化协作平台分享市场需求、库存状态、能力计划、生产日程等信息。因此，合作伙伴之间要建立深层次的信任关系。同时，智慧物流生态中的成员也需要有效控制和管理信息泄露问题，确保生态信息的安全。

智能信息整合是智慧物流生态流程整合的基础。准确并及时获取信息是企业应对市场竞争进行规划和协作的前提条件。智能信息整合通过共享上下游的信息，增加智慧物流生态运作的可视化和透明性，有助于企业在动态的市场环境中更为有效地进行协作。智能信息整合促使企业有效地解决由于供应链上的成员需求曲解而带来的"牛鞭效应"，提高需求预测的准确程度，改善同步生产和运输效率，增强与库存相关的决策的协作。同时，智能信息整合还能帮助企业在智慧物流生态中基于大数据分析有效调节规模经济和定制化要求之间的平衡问题，实现最优化生产。

2. 智能规划同步

智能规划同步是指智慧物流生态中的成员联合起来同步规划物流生态相关活动的程度。它反映了生态中的成员为获得同步的规划所做出的合作和努力，其中包括协同规划、预测和补货（collaborative planning，forecasting，replenishment，CPFR）以及新产品开发。CPFR 是在共同预测和补货的基础之上，推动合作伙伴间制订共同计划。合作伙伴共同参与生产计划、库存计划、配送计划和销售计划，以更好地执行物流活动。另外，同步规划中所涉及的新产品的联合开发则需要企业与合作伙伴将自身技术、知识和人力资源，投入产品开发规划中，并最终实现整个智慧物流生态的协同。联合产品开发有助于汇聚智慧物流生态的智力资本，解决技术资源和能力不足的问题，共同攻坚工艺技术难题，降低研发成本和风险，提高新产品研发的成功率。总而言之，智能规划同步可以让智慧物流生态中的成员为未来的物流生态活动进行共同规划，并对是否继续进行这一努力而做出共同决策。

智能规划同步只有在智慧物流生态中的成员已经成功地进行智能信息整合之后才能实现。智能规划同步是在智能信息整合的基础之上，智慧物流生态流程整合的第二层整合内容。智能规划同步的实现在很大程度上依赖于企业间敏感信息的实时分享，它反映的是企业就所分享的信息所采取的行动的内容。另外，智能规划同步的实现意味着物流生态中的成员对特定的物流生态活动（如需求和供应管理、新产品介绍、服务规划等）达成了共识。这一共识将有利于企业解决在智慧物流生态中所存在的不协调的规划行为以及"牛鞭效应"问题。智能规划同步能帮助企业减轻缺货问题，提高资源的利用率和生产制造的流畅性，并最终帮助企业实现高利润率。

3. 智能运营协作

智能运营协作是智慧物流生态中的成员将与运营相关的活动进行流线化和自动化。智慧物流生态中的运营活动包括采购、拍卖、补货、支付、生产变更以及产品和服务设计协作等。智能运营协作要求物流生态成员以实现终端客户价值为首要目标，为满足客户需求而在智慧物流生态中将运营活动进行流线化，并最终通过数字化技术将它们进行自动化。流线化和自动化运营，可以帮助物流生态企业缩短提前期，减少在制品存量，暴露和彻底解决运营问题，快速适应市场变化。

智能运营协作已经不单单是反映企业能就被分享的信息"做什么"的问题，而是反映了企业应该"怎么去做"的问题。因此，智能运营协作代表一个比智能信息整合和智能规划同步层次更高的流程整合程度，是智慧物流生态流程整合中的第三个渐进性整合内容。智能运营协作有助于企业减少重复行为以及由此造成的资源浪费，从而降低企业成本。智能运营协作使企业有能力实现一个低成本、高速、可靠、低失误的智慧物流生态的运营机制。

4. 战略伙伴

战略伙伴是智慧物流生态中的成员之间为共同的战略目标而形成紧密的、长期的关系。它反映了智慧物流生态中成员间形成的具有预见性的、合作的、双赢的、长期的关系。这一关系有助于智慧物流生态中的成员为提升整个生态的整体绩效而做出努力，并为进一步提升他们的伙伴关系承担义务。现有研究证明，企业间战略伙伴关系的建立起源于智慧物流生态中的成员在整个生态中所形成的共同价值观。这些共同价值观有助于企业与业务伙伴就其在智慧物流生态中的整体目标形成共同的认知，进一步促使企业与业务伙伴扩展交流并建立共同的绩效评估和重组激励体系。这一系列运作同时也可以确保整合后的成员能公平地分担整合风险及分享整合收益。战略伙伴关系的建立意味着智慧物流生态内的成员已经从原有的强调单一成员的效益最大化转变到强调整个生态效益的整体最优化。

作为智慧物流生态中的最高流程整合层次，战略伙伴关系是一个双赢的整合方案。它有助于生态内的成员通过协调彼此战略和运营能力来实现共同利益。战略伙伴关系不仅考虑了整合企业自身的短期运营优势，而且考虑了所有整合企业的长期战略目标。战略伙伴关系的形成意味着企业已经将合作者，如客户、供应商及其他业务企业看成了战略合作者，而不是单纯的运营和战术执行中的可替代合作方。在这种情况下，企业会将战略伙伴看成具有专有属性且无法被竞争者复制的竞争资源。战略伙伴关系可以促进企业成长，提高其市场地位，并改善其财务绩效。

表 2.2 概述了智慧物流生态每个流程整合内容的定义和内涵。

表 2.2 智慧物流生态每个流程整合内容的定义和内涵

整合内容	定义	内涵
智能信息整合	智慧物流生态中成员间信息分享的程度	（1）需求透明 （2）数据交换 （3）信息分享
智能规划同步	智慧物流生态中的成员联合起来同步规划物流生态相关活动的程度	（1）综合的库存规划 （2）综合的需求预测 （3）需求和供应规划 （4）联合解决问题
智能运营协作	智慧物流生态中的成员将与运营相关的活动进行流线化和自动化的程度	（1）综合的订单安排和追踪 （2）在线下单和付款 （3）自动补货 （4）财务流整合
战略伙伴	智慧物流生态中的成员之间为共同的战略目标而形成紧密的、长期的伙伴关系的程度	（1）客户关系管理 （2）长期合作关系 （3）高层对关系发展的责任感 （4）绩效衡量和关系的整合

第一部分　智慧物流生态共建的动因

　　智慧物流生态共建是优化物流结构、创新物流模式、完善现代物流体系的重要支撑，是降低物流运营成本、提升流通效率和推动物流高质量发展的必然之路。随着我国产业的转型升级，物流结构发生了巨大变化，物流需求逐渐多元化，物流服务品质要求日益攀高。而智慧物流生态的建设成为解决当前物流市场分散、经营主体数量多且规模小、管理体系不规范、物流网络不畅通以及物流服务质量低的关键手段。基于大数据、云计算、区块链和物联网等新兴数字技术，物流企业可以构建数字物流基础设施平台，将货物、运输、仓储、包装、配送和场景等物流要素数字化，共同重塑物流流程，通过数据赋能自主优化，实现物流各个环节的高效协同运作。因此，智慧物流生态共建成为现代物流企业赢取竞争优势的重要战略选择。

　　然而，物流生态主导企业与成员企业共建智慧物流生态并非易事，仍然是一个巨大的挑战。智慧物流生态涉及物流平台、第三方物流和货主企业等众多参与方，具有业务复杂、规模庞大和数据繁杂等特点。智慧物流生态共建往往需要参与企业进行数字技术投资，打破物流数据孤岛，统一物流数据标准，整合物流流程。鉴于此，很多企业在进行智慧物流生态共建决策时非常谨慎和保守。因此，了解企业在智慧物流生态共建参与决策中的主要影响因素将有助于推动生态共建。许多学者已经认识到多维理论视角在解释组织决策的关键动因时的重要性。单一理论视角或者在多维视角中选择一个独立视角并不能有效地理解企业决策的动因。而动机-机遇-能力（motivation-opportunity-ability，MOA）框架，为分析企业参与智慧物流生态共建的动因提供了多维系统性的框架。

　　MOA框架作为一个综合理论视角，不仅考虑到了企业内在的促进因素，也考虑到了企业所处的外部环境。该框架提出了影响企业决策的三大因素，即企业动机、企业能力和外在机遇。企业动机反映了企业进行某一行为的内在兴趣、意图或诱因；企业能力则反映了企业开展业务所必需的相关技术和知识；外在机遇则反映了企业外在环境机制对企业参与的支持程度。企业动机对企业行为的影响程度取决于企业能力和外在机遇。具有较高能力的企业更容易产生动机和把握外在机遇。MOA 框架最初被运用于信息处理和广告效应研究，后来被用于解释企业决策问题。在进行智慧物流生态共建决策时，物流生态成员企业需同时考虑到参与动机、参与能力和外在机遇。MOA 框架帮助企业理解技术因素（体现了企业追求智慧物流生态预期效果的动机）、组织内因素（体现了企业所具有的与智慧物流生态共建相关的能力），以及组织间因素（体现了整个物流协作所提供的有助于企业参与生态共建的机遇）对参与智慧物流生态共建的影响。

本部分将通过三个维度对企业参与智慧物流生态的促进因素提出一个整合的理论模型。首先，本部分指出企业参与智慧物流生态共建动机相关的因素，包括效率动机、探索动机、敏捷动机和互补动机；其次，本部分将从两个方面描述与外部条件相关的因素，即伙伴关系和环境条件。其中，伙伴关系主要指企业的协作伙伴的影响力以及他们之间的信任，而环境条件则指外部数字化程度、行业竞争强度和制度压力。

第 3 章　智慧物流生态共建的内在动机和能力

3.1　智慧物流生态共建的内在动机

　　智慧物流生态共建过程，不仅要求参与共建的成员企业采纳各类新兴数字技术来推进物流设施的自动化、数字化和智慧化，还需要企业考虑采用生态化的管理模式来改造和重构现有的物流组织方式（Das and Teng，2000）。因此，智慧物流生态可以视为一种基于数字技术的物流管理模式创新，其共建过程实质上就反映了物流生态成员企业的一系列创新采纳的决策过程（Frohlich，2002；Frohlich and Westbrook，2002）。因此，创新扩散理论为智慧物流生态共建参与决策提供了理论解释框架。创新扩散理论作为一个探究创新采纳和扩散原因的核心研究框架，已被广泛应用到很多创新的采纳决策问题上。这一理论主要强调了创新特性，如创新所具有的相对优势、兼容性、复杂性、可试性和可观察性等在企业创新采纳决策中的重要作用。创新的相对优势是指某项创新相对于其所取代的原有对象所具有的优点；兼容性是指创新与潜在采纳者现有价值观、经验和需求相一致的程度；复杂性是指理解和应用某项创新的难易程度；可试性是指创新可被试验的程度；可观察性是指创新被潜在采纳者看到的程度。其中，创新的相对优势在创新采纳中起着核心作用。创新的相对优势具有多重维度，反映在创新所具有的减少投资、降低成本、节省时间以及降低不确定性等相关收益上。例如，在信息技术采纳，特别是基于互联网的创新采纳研究中，信息技术的相对优势被认为是企业采纳决策中的关键前因。例如，在现有的"互联网＋"相关的创新研究中，"互联网＋"的相对优势对企业决策的作用已通过不同的概念形式被广泛探索。例如，在企业参与电子商务的采纳决策中，电子商务所带来的市场扩展、新市场进入和成本优化等优势是决定企业最终采纳行为的关键因素。在全渠道整合的采纳决策中，全渠道的数据收集、用户洞察、服务个性化和品牌强化的相对优势，是影响企业进行全渠道整合的重要因素。

　　创新扩散理论不仅适用于技术层面的创新，也可以解释组织和管理创新的采纳。实际上，创新还可以代表一种企业新创的管理思想、理念和行为。基于此，智慧物流生态共建可以视为企业物流管理模式的创新（Johnson，1999）。基于新兴数字技术而形成的智慧物流生态管理和组织方式，具有数字化、智能化和生态化特点。这些特点进一步赋予智慧物流生态远超传统物流模式的相对优势。例如，业界普遍认为智慧物流生态能降低物流成本，提高企业利润，完善生态内企业运输、仓储、搬运和信息管理等环节的智能融合，提高客户忠诚度，提升物流服务水平，实现产业协同。这些相对优势会演变成企业对参与共建智慧物流生态效益的期望，从而形成企业的参与动机。这些动机通常会表现为结果导向，并反映企业的功利性理念，从而在很大程度上决定企业最终的共建决策。因此，创新扩散理论将有助于我们理解智慧物流生态对企业参与共建的影响。

为了确定与企业参与共建智慧物流生态相关的动机，我们借鉴参考了 Amit 和 Zott（2001）提出的电子商务价值创造模型（图 3.1）。在这一模型中，效率、创新、黏性和互补是电子商务价值的主要来源。其中，效率体现了企业可以通过使用电子商务来降低交易成本；创新则指电子商务可以帮助企业使用独创性方式处理业务（Frohlich and Westbrook，2002）；黏性则反映了由于电子商务的使用，业务伙伴愿意保持和改善合作关系；互补则指电子商务帮助企业从业务伙伴处获取具有互补性的资源，从而实现其自身无法获取的效益（Das and Teng，2000）。

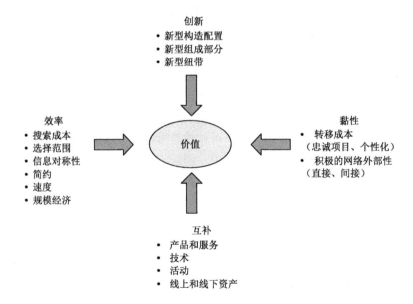

图 3.1 Amit 和 Zott（2001）提出的电子商务价值创造模型

Amit 和 Zott（2001）所提出的电子商务价值创造模型为智慧物流生态价值创造共建提供了扎实的理论指导。结合智慧物流生态的特征，我们归纳总结出了效率、探索、敏捷和互补四种智慧物流生态共建的主要动机。如表 3.1 所示，效率动机体现了效率价值，探索动机体现了创新价值，敏捷动机体现了黏性价值，而互补动机则体现了互补价值。这些动机的确定意味着企业在决定参与共建智慧物流生态时，这四个方面的价值成为企业参与共建的最大效益期望。

表 3.1　智慧物流生态共建的动机性因素

分类	定义	内涵
效率动机	反映了企业在多大程度上强调其在物流业务处理中的经济效益的有效改善	业务合理化和规模经济； 降低交易成本； 降低协作成本； 提升物流周转率； 降低错误率
探索动机	反映了企业在多大程度上强调其对新物流业务方式、模式和机遇的尝试	巩固市场地位； 促进扩张； 进入新市场
敏捷动机	反映了企业在多大程度上强调其对物流生态中出现的意料之外的变化做出快速的应对	塑造竞争力； 加强业务创新； 减少竞争威胁； 改善应对速度
互补动机	反映了企业在多大程度上强调其与物流业务伙伴互补彼此的资源和能力	技术转让/专利互换； 垂直联系； 获取和保留资源； 创造和转让知识； 分享技术知识； 获取互补资源

3.1.1　智慧物流生态共建的效率动机

智慧物流生态共建的效率动机反映了企业在多大程度上会强调其在物流业务处理中的经济效益的有效改善。效率动机体现了企业对智慧物流生态在促进物流业务效率、减少物流业务成本等方面的重视程度。根据交易成本理论，企业一般都是经济效益追求导向的，它们会为了最小化其业务成本而去尝试所能接触到的任何创新。因此，如果有企业已经采纳了某一创新并从中获取了一定的效率改善和经济效益，那么其他尚未采纳的企业就会形成关于这项创新的效益和效率改善作用的认知。这种认知在尚未采纳企业中的传播和分享，会吸引这些企业采用这一创新，以期通过此创新实现内在效益的改善。因此，企业对智慧物流生态所带来的效益改善预期是影响共建参与的主要因素。

考虑到物流效率改善和物流成本降低已被看成智慧物流生态的核心效益，我们认为企业的效率动机对智慧物流生态共建具有积极的推动意义。就智慧物流生态的共建进程来看，高效率动机会促进企业在智慧物流生态共建中的智能信息整合。由于信息失真已被广泛地认为是造成物流运作低效的主要原因，因此物流信息分享就被看成解决这一问题从而提高物流效率的最佳方案。在智慧物流生态中，企业可以通过感应器、RFID 标签、定位系统等技术生成实时数据，并利用第五代移动通信技术等传输和分享海量数据。而智慧物流生态的平台化的组织形式，使生态成员企业都能通过开放统一的标准平台实现互联互通，从而完成海量信息的完整、无缝、实时获取和整合。这就意味着，智慧物流生态中的成员企业能够更为广泛、高效、开放、标准地进行海量信息的整合。这种智能信息整合直接保证了智慧物流生态中企业在运营、管理、协作上的效率提升和成本降低。基于这种效率改善作用，那些强调效率动机的成员企业将会更为积极地参与智慧物流生态的共建。

一个效率驱动的企业也会更主动地参与到智慧物流生态的智能规划同步中（Cousins and Menguc，2006；Harrison et al.，2001）。智慧物流生态的生态性使所有参与的成员企业具有共同的价值诉求，同时在物流业务上具有高度整合性，这就凸显了智能规划同步的重要性（Matsuno and Kohlbacher，2020；Kulp et al.，2004；Mitra and Singhal，2008）。智能决策技术、物流自动化设施的广泛应用，支持物流智能规划同步的普及和深化。智能规划同步使企业可以有效地消除其物流生态成员企业间所存在的分歧，从而就未来的物流规划达成共识。而这一共识可以帮助智慧物流生态成员企业预先联合部署物流资源，重构运营能力。这种预先部署规划能在很大程度上避免不必要的成本投入，并改善企业的物流效率。另外，智能技术驱动的智慧物流生态会因智能技术的使用而使物流规划的同步性很容易在一个较低的成本基础上得以实现。这既帮助企业减少了额外的成本投入，也使物流规划的同步性得以提升，从而降低了物流成本，并使企业能力得到优化。

另外，企业也会因为追求沟通成本和运营成本的降低而参与智慧物流生态中的智能运营协作。这主要是因为智能运营协作可以促使企业通过智能技术来协调彼此的物流运营活动，并使企业可以实现彼此间物流业务执行的自动化和智能化。相比传统的物流运营协作，智慧物流生态中智能运营协作的自动化和智能化特点有助于协作企业降低合同协商、沟通、谈判过程中的交易成本。因此，智慧物流生态也会在很大程度上吸引效益驱动的企业参与其中。综上所述，企业的效率动机能积极地推动其参与智慧物流生态共建的整体强度，即一个企业的效率动机越大，其参与到智慧物流生态的智能信息整合、智能规划同步和智能运营协作中的程度就越高。

3.1.2 智慧物流生态共建的探索动机

探索动机反映了企业在多大程度上强调其对新物流业务方式、模式和机遇的尝试，体现了企业对学习市场环境及发现新的物流价值创造方式的重视（Osiyevskyy et al.，2020）。具体来说，为了创造和保持其竞争优势，具有高探索动机的企业往往会具有较强的意愿去尝试各种创新，如创造新的能力、进入新的市场或者设计新的业务模式。Amit 和 Zott（2001）提出，通过探索价值创造的新机遇（如尝试在线业务），企业可以使其业务很好地适应新的处理方式，从而更有效地改善其绩效。

这一观点同样适用于智慧物流生态共建问题。学者普遍认为智慧物流生态可以帮助企业发展新的物流业务模式并通过对新市场的渗透实现最大效益。智慧物流生态的兴起激发了商业模式创新和市场新进入者的参与，催生出互联网＋车货匹配、互联网＋合同物流、互联网＋货运经纪、互联网＋库存管理等新模式，成为物流业大众创业、万众创新的重要源泉。具体来说，智慧物流生态有利于成员企业通过物流信息的分享发现价值创造的新机遇，从而帮助企业在最佳的物流协作的支持下尝试新的物流业务模式，进入新市场。事实上，进入新市场正是企业参与智慧物流生态共建的主要动因。智慧物流生态不仅可以使成员企业更好地满足现有客户的需求，也能帮助企业在新市场中赢得新客户。例如，中储南京智慧物流科技有限公司（简称中储智运）搭建了互联网物流运力竞价交易共享平台，通过智能配对和精准推送，实现车货匹配和竞价交易。运输公司通过参与中储智运的智慧物流生态，进一步扩大了业务市场，并能够快速结算运费。因此，当企业具有较高的探索动机时，它也会更愿意参与智慧物流生态共建。

从智慧物流生态的共建进程来看，一个具有探索动机的企业可能会具有很强的意愿参与到智慧物流生态的智能信息整合中。探索已经被广泛看成企业的一种有效学习机制。在企业的探索过程中，企业需要最大限度地接触各类信息来增进其对客户偏好和市场趋势的理解，从而帮助企业以不同的方式运用这些信息。而智慧物流生态中的智能信息整合所具有的开放、实时和海量特点，正好满足了具有高探索动机的企业的这一需要。生态中各个成员企业的物流业务系统的对接，能够加快物流信息数据的流通和应用。基于智能信息整合，企业就可以便利地获取到足够的物流信息，增进其对所处市场的认知，并最终发现新的价值创造机会。

一个具有高探索动机的企业倾向于进行智能运营协作。探索往往涉及冒险、试验和创新等问题。通常情况下，企业在探索过程中，往往需要具备很强的应对不确定因素的能力。例如，在考虑进入某一新市场时，企业就需要快速了解新市场的情况，快速制定战略，快速调配资源。但这通常是企业无法独立完成的。现有市场的高交互性使企业在执行非常规、非结构化的物流任务时需要与物流业务伙伴协作。而智慧物流生态中的智能运营协作所提供的流线性、自动化和智能化的物流协作模式，使企业可以在第一时间快速从业务伙伴处获取其进入新市场或开发新产品所需的协作支持，包括信息、资源和知识。因此，对于具有高探索动机的企业来说，智慧物流生态的智能运营协作不仅能帮助其改善现有的物流管理水平，还能促进其与那些能拓展新的市场或具有潜在价值的业务伙伴尝试新的业务模式。

　　同时，一个具有高探索动机的企业将会很容易与物流生态中的业务伙伴建立战略伙伴关系。探索通常被定义为一个需要经历长期努力才能获得收益的搜寻、创新和发现行为。这主要是因为企业的探索行为需要大量的资源投入，而这种投入在短期来看是比较难以获取成效的，需要企业从一个长期的战略角度来考量它。因此，当一个企业的探索动机逐渐增强后，它会更容易与物流业务伙伴建立战略伙伴关系以获取资源。由于战略伙伴关系的建立可以保证企业与其业务伙伴长期为改善整个物流的绩效而共同努力，并促使合作伙伴长期为整个物流合作关系承担义务，因此，这对于企业探索行为能起到很强的保障作用。综上所述，一个企业的探索动机将决定其智慧物流生态共建的程度。在智慧物流生态共建中，企业的探索动机越大，其参与共建智慧物流生态的智能信息整合、智能规划同步、智能运营协作和战略伙伴关系的程度就越高。

3.1.3　智慧物流生态共建的敏捷动机

　　敏捷动机反映了企业在多大程度上强调其对物流生态中出现的意料之外的变化做出快速的应对。现有的超竞争环境使需求和供给在产业链和供应链中的波动变得越来越快速、广泛和频繁。这种市场环境的多样化与动态化发展，使物流运营面临着极大的不确定性。为了保持竞争力，企业必须提升自身的敏捷性。由于电子商务的快速发展，市场需求的更新速度变得非常快。这种快速变化的市场，包括需求的不确定性、运力的不确定性等，这就要求企业必须以一种更为稳定、快速的配置方式来应对。此外，由于敏捷性关系到企业的客户需求应对和控制市场变动的能力，因此提升敏捷性也体现了企业希望通过快速而有序地应对市场动荡来锁定客户的倾向。

　　考虑到智慧物流生态共建有助于企业实现高市场应对能力和提高客户忠诚度所带来的益处，具有高敏捷动机的企业就会更努力地尝试参与到共建智慧物流生态中。智慧物流生态共建能够直接提高企业的敏捷性，而企业敏捷性的提升往往需要借助数字技术所提供的支撑平台。这就意味着一个敏捷驱动的企业会具有强烈的意愿来通过数字技术创新参与智慧物流生态共建。由此可知，当数字技术的扩散使企业可以更容易在一个更广泛的、低成本的、及时的以及易操作的平台上共建智慧物流生态时，企业的敏捷动机就会成为其参与其中的最大原动力。因此，对于具有高敏捷动机的企业来说，参与智慧物流生态共建是一个正确、有效、具有吸引力的选择。

　　就智慧物流生态共建的进程来看，敏捷动机对智慧物流生态共建的不同阶段都会有重要影响。首先，对具有高敏捷动机的企业来说，获取及时、完整的物流信息是其重点目标。事实上，随着制造业向智能制造升级发展，制造企业对物流体系的要求越来越高，它会要求更精准地掌控物流运作的信息，从而实现物流服务管理的柔性化。由于物流的复杂性，智慧物流生态中的智能技术，如传感器、物联网和数字孪生技术，能够对产品在物流流转环节所产生的数据进行采集、加工、传递，因而能够有效帮助企业做出快速响应和决策。也就是说，智慧物流生态中的信息分享为企业提供了增强其敏捷性的机会。智慧物流生态的智能信息整合，由于具有实时性、开放性以及大容量的特点，能更容易地让企业在其物流生态中更频繁、更广泛、更深入地互换彼此有价值的信息，从而使企业能敏锐地应对外部环境的变动。而这种敏锐的感知能力正是企业提升其敏捷性所必需的。

其次，敏捷驱动的企业会十分倾向于在面对环境变动时采取具有预见性的行动。由此可知，智慧物流生态的智能规划同步对于提升企业敏捷性来说就显得很重要。具体来说，基于在线同步性，智慧物流生态中的企业可以在第一时间了解到其物流业务伙伴相关规划的变动，如客户物流需求的变动、供应商排程的变动等。这种对物流变动的实时感知是提高企业敏捷性的必备条件。另外，智能规划同步使企业可以与业务伙伴同步准备应对市场中所出现的变动。这种准备的同步性将大大降低实际应对的复杂性，从而提升企业的应对能力，即企业敏捷性。

再次，一个敏捷驱动的企业会努力寻求与物流生态成员的智能运营协作。为了快速应对环境变动，企业需要节省与业务伙伴的交流与谈判时间。而智能运营协作所提供的流线性、自动化和智能化的物流协作流程正好能满足这种要求。通过智能运营协作，企业可以将其物流行为，包括装运、入库、出库、编队以及联合线路设计，实现数字化、自动化、智能化，从而大大节省交流和沟通所需要的时间。这又会极大地加快企业对环境变动的应对速度。因此，智能运营协作对于高敏捷动机的企业将非常有吸引力。

最后，敏捷性也关系到了企业的客户需求应对和控制市场变动。敏捷动机反映了企业对锁定业务伙伴所付出的努力。在智慧物流生态中，所有的成员企业之间往往保持互惠、稳定、密切的业务联系，并存在着长期的利益关系。因此，对于强调敏捷动机的企业来说，建立智慧物流生态中的战略伙伴关系就意味着其能真正长期地锁定与业务伙伴的关系。这对企业而言很具有吸引力。综上所述，企业的敏捷动机将极大地影响其智慧物流生态共建。在共建参与进程中，企业的敏捷动机越大，其参与智慧物流生态的智能信息整合、智能规划同步、智能运营协作和战略伙伴关系的程度就越高。

3.1.4 智慧物流生态共建的互补动机

互补动机反映了企业在多大程度上强调其与物流业务伙伴互补彼此的资源和

能力。随着物流行业竞争的加剧，竞争已经变成物流生态与生态之间的竞争。这种竞争格局比先前在单个企业层面上的竞争更为激烈。物流生态的发展趋势使单一企业再也无法单独占有所有的必需资源或仅仅通过自身来发展和保持竞争优势。为了在竞争激烈的环境中生存下来，企业不得不通过增强与物流生态成员的相互依赖性来获取提升竞争力所需的资源和能力（Katila et al.，2008）。在这种情况下，建立智慧物流生态就成为企业获取互补资源并提升竞争力的最佳选择。

对于智慧物流生态共建来说，资源互补是企业参与其中的一个非常重要的动因。在市场分工越来越细致、越来越复杂的情况下，企业通过市场机制或者内部发展获取互补资源并不适宜。相应地，鉴于智慧物流生态的开放性和互补性，生态成员企业能在一个普遍而易操作的平台上实现对各类互补性信息和资源的搜寻和匹配。这就使企业能轻易地在整个物流生态中汇集和部署各成员的资源。进一步说，通过充分利用智慧物流生态的开放性、大信息量和广阔的伙伴基础的特点，企业将更容易获得互补资源，并能以此为基础创造出新价值或将隐藏的价值释放出来。总而言之，参与到智慧物流生态共建中可以让企业获取有效的信息、资源、能力和知识的流通，从而让其最大限度地与业务伙伴实现资源互补。因此，具有高互补动机的企业很容易参与智慧物流生态共建。

就智慧物流生态共建的进程来看，高互补动机将推动企业积极参与到智慧物流生态的智能信息整合中。为了从外部环境中获取到互补性资源，企业需要首先识别出那些具有互补资源的业务伙伴（Krause et al.，2007）。但是，由于信息的不对称性，这一识别工作就显得很困难。因此，对于具有高互补动机的企业来说，实现智慧物流生态的智能信息整合就成了它们的首要目标。智能信息整合有助于企业在低成本的条件下改善信息透明问题。由于智慧物流生态中智能信息整合的开放性、实时性和大容量的特点，企业可以通过高效的信息交换获取到业务伙伴的敏感信息，从而帮助其在物流生态中确定具有互补资源和能力的业务伙伴。

互补动机也鼓励企业参与智慧物流生态中的智能规划同步。智能规划同步反映了物流生态共建后的企业已经就如何部署互补资源来实现物流生态管理达成了共识。通过智能规划同步，所有智慧物流生态中的企业都可以在物流规划中提前部署各类资源，从而保证企业能知道其他业务伙伴的资源及其部署情况，及时获取到互补性的资源。同时，智慧物流生态可以实现智能运营协作，即意味着物流生态共建后的企业已经将它们的互补资源运用到物流流程的自动化与智能化中。换句话说，无论智能规划同步还是智能运营协作都有利于企业在整个物流生态中汇集和部署自身及合作伙伴的资源。由此可知，这两个渐进整合程度对于具有高互补动机的企业来说非常具有吸引力。

资源互补对于企业通过共建智慧物流生态而建立战略伙伴关系也非常重要。具体而言，战略伙伴关系的建立意味着企业已经与特定物流成员在共同价值观下建立起了合作型的长期的伙伴关系。同时，这些业务伙伴之间的共同价值观能促使他们进一步扩展他们的交流和绩效评估体系，以及重构一个共同的激励机制。在这种情况下，智慧物流生态共建后的企业就很容易为物流生态的共同目标承担义务，并为达到共同目标而主动地进行资源互补。综上所述，企业的互补动机能决定其智慧物流生态共建的整体强度。在共建参与进程中，企业的互补动机越大，其参与到智慧物流生态的智能信息整合、智能规划同步、智能运营协作和战略伙伴关系的程度就越高。

3.2　智慧物流生态共建的内在能力

智慧物流生态共建作为企业一种重要的战略选择，在实施中对企业具有较高的能力要求。企业参与智慧物流生态共建的意愿更多地建立在其现有能力水平上。动态能力作为企业适应外部环境变化的一种能力，就成为智慧物流生态共建中必不可少的一种内在能力。企业动态能力主要反映企业可以在多大程度上整合、建立和重组内外部资源，从而帮助其快速应对外部环境的变化。企业每一个相关业务都会发展出深植于过去、现在和未来的管理流程的能力框架，在确定能影响智慧物流生态共建的能力时，应该基于智慧物流生态共建自身特征来考虑。首先，考虑到智慧物流生态共建具有的数字技术驱动特性，企业的数字化能力是确保企业成功参与智慧物流生态共建不可或缺的能力。其次，由于智慧物流生态共建所具有的企业交互和知识创新的要求，参与企业就必须具备在整个物流生态中消化和吸收大容量的信息、知识及相关资源的能力，以此来保证其能成功实现新的业务模式。在此情况下，企业的吸收能力就被认为是智慧物流生态共建所需的另一个重要能力。因此，在智慧物流生态共建中，企业的：①数字化能力，即搜集、整合和部署企业数字技术资源从而使其能充分利用业务机会并满足其业务需要的能力；②吸收能力，即企业所具有的能获取、吸收、转化和开发市场信息从而感知和应对市场需求和变化的能力，就成为两种必不可少的内在能力。

3.2.1　智慧物流生态共建的数字化能力

数字化能力是指企业所具有的能搜集、整合和部署其数字技术资源，从而使其能充分利用业务机会并满足其业务需要的能力（Bharadwaj，2000）。数字化能力概念的发展主要源于信息技术（information technology，IT）能力的概念（Armstrong and Sambamurthy，1999），而 IT 能力则被广泛看成一个具有多重维度的概念。信息管理研究学者就将企业 IT 能力分为有形资源、隐形资源和人力资源三种能力（Wei et al.，2020；池毛毛等，2020；焦豪，2011）。也有学者在现有市场营销、战略管理和信息管理研究文献的基础上，确定了 IT 能力包含 IT 实体、IT 运营和 IT 知识三个维度。具体来说，IT 实体是指可支持业务流程的 IT 有形资产，包括 IT 基础架构软硬件等；IT 运营则指企业将 IT 运用到企业实际运营，如市场营销、客户管理和供应链管理中的程度；而 IT 知识则指企业拥有与 IT 相关的知识技能的程度。考虑到智慧物流生态共建不仅涉及物流管理的问题，还涉及信息管理、供应链管理、市场营销和战略管理等其他管理问题，我们采用 IT 能力的分类方法来理解数字化能力。具体来说，通过对现有信息管理领域关于 IT 能力和数字化能力的研究回顾，我们在参照 Tippins 和 Sohi（2003）的分类方法的基础上确定了三种在智慧物流管理中具有重要作用的具体的数字化能力，它们分别是：数字基础架构的灵活性，即企业所具有的数字技术基础架构在支持企业数字化时的灵活性，它代表了企业的数字实体能力；数字同化能力，即企业将数字技术广泛地嵌入日常物流业务中的程度，它代表了企业数字化运营能力；高管数字化知识，即企业高管对数字化战略意义的认知程度，它代表了企业数字化知识能力。

数字基础架构的灵活性是指企业所拥有的一系列能为其快速发展和实施现有的和未来的数字化应用提供支持的数字技术资源，包括云计算、大数据、物联网等新一代数字技术（Sheng and Saide，2021）。它反映企业已经具有了有效的数字技术平台，以便其能升级现有的数字基础架构、整合离散的数据资源、防止系统差错，以及增加新应用软件。数字基础架构的灵活性是企业发展和同化其他组织能力不可或缺的。也就是说，一个灵活的数字基础架构是在对一系列技术资源细致规划和长期发展后才能形成的。而该架构的灵活性则保证了企业在面对快速发展的数字技术和日益复杂的物流管理需要时，其基础架构能够灵活调整，有效地兼容新的技术，并扩容现有的运算和处理能力。因此，学者和从业者日益相信企业数字基础架构灵活性的差异能够造成企业竞争优势的差异。这种情况在一个快速变化的业务环境中尤为突出。

数字同化能力是指企业所具有的能有效将数字技术运用到支持、塑造其物流业务和价值创造活动中的能力（Kearns and Sabherwal，2006）。它反映了企业将其自身转化成数字驱动的组织的程度。具体来说，数字同化意味着企业已经将数字技术应用在整个组织流程中，数字技术在企业的业务中具有较高的普及程度，并最终使企业可以通过这些数字技术应用来实施业务战略和价值创造活动。例如，企业通过物联网应用，可以同步追踪物流车辆和货物的行动轨迹，提升其货物追踪的能力，从而改善物流的准确性。数字同化能力有利于数字技术价值嵌入企业业务流程中，并有助于企业实现特定的数字商务价值。因此，数字同化能力是企业提升竞争力的必需能力。

　　高管数字化知识是指企业高级管理层对数字化的战略潜力的认知程度。它反映了高管对数字化的重要性、价值和潜力的认可程度，并进一步表现了高管对其所在企业的数字化的支持程度。已有研究已经证明数字化的成功在很大程度上依赖于企业高管对这种数字化的价值的认可程度。只有他们认识到了数字化的战略潜力，他们才会支持相应战略的实施，从而促使整个企业对数字化加以重视，并最终确保数字化战略运用的成功实现。

　　数字技术对智慧物流生态共建的支撑作用已经被广泛认可。高数字化能力能够通过多种方式来帮助企业提升其智慧物流生态共建参与的整体强度。

　　（1）数字基础架构的灵活性可以保证企业的数字基础架构灵活地满足其智慧物流生态在数字化软硬件方面的需求。事实上，如果企业的数字基础架构是刚性的，其无法灵活地兼容新的数字技术或者无法进行灵活调整从而满足新的业务需求，则这个架构可能会成为阻碍物流信息流动和运营协作的重要障碍。因此，企业很可能会由于数字化基础设施缺乏灵活性而无法参与智慧物流生态建设。数字基础架构的灵活性可以帮助企业升级现有的数字基础架构、整合不同的数据资源、防止系统差错和增加新的应用软件。所有这些都能帮助企业减少智慧物流生态实施中的技术障碍，提升企业间系统的兼容程度，从而推动企业智慧物流生态参与的整体强度。例如，企业可以在物流设备中部署大量的传感器，并通过物联网来汇集、处理和整合这些数据。而这些数字基础架构的部署，则会进一步帮助企业与智慧物流生态中的企业实现设备的互联互通，形成一个整合性的数据网络，从而保证在智慧物流生态中的信息整合和运营协作。

　　（2）智慧物流生态共建需要企业利用共建的生态去协调一系列复杂的物流活动，这要求企业具有将数字技术嵌入全面业务中的能力，即数字同化能力。参与智慧物流生态共建将不再只是某个企业独立部门的职责，而是整个企业各部门的共同要务。在这种情况下，企业是否能成功地将数字技术普及各个部门就成为其能否真正实现智慧物流生态共建的关键。只有当数字技术成为企业各部门业务处理的基础时，企业才会真正地了解数字化并主动接受与数字化相关的管理创新。数字同化能力确保了企业的这方面能力，也就是企业可以有效地将数字技术，包括云服务、大数据、物联网等技术嵌入自己的业务中，包括物流、生产、仓储等。这种数字同化能力同样保证企业在构建智慧物流生态时，能有效地和外部合作伙伴在信息分享、业务协同、同步规划上有效利用数字技术，从而满足智慧物流对数字化能力的要求。

　　（3）智慧物流生态共建是一个企业重要的战略性决策，而这一决策的关键制定和执行者是企业高管。因此，高管认知和能力在智慧物流生态共建中的作用不容忽略。智慧物流生态共建本身涉及了大量的数字技术的应用，而高管对这些数字技术的价值的认知则决定企业在多大程度上会将其应用到智慧物流生态共建中。因此，高管的数字化知识反映出企业高管会在多大程度上愿意投入精力到智慧物流生态共建中。换句话说，只有当高管具有很高的数字化知识时，他们才能充分、深入地理解数字技术的价值，才能明白只有实现数字化，才能使企业保持竞争优势。这种数字化知识同时让他们对智慧物流生态保持一个理性的、专业的判断，也促使他们投入更多的财务和管理精力来促进智慧物流生态共建。

综上，如果没有很好的数字化能力的支持，企业将很难提升其智慧物流生态共建的整体强度。就智慧物流生态共建的整合进程来看，企业的数字化能力对其四个共建整合程度均有正向作用。首先，数字化能力与智能信息整合之间的关系已经得到广泛而一致的认可。高数字化能力能够促进生态共建的实施，并有助于企业与物流伙伴及时交流相关的重要信息。而当企业需要通过数字技术来实现在线信息整合时，企业的高数字化能力则保障了这一技术的实施和信息的顺畅流动。因此，对于一个拥有高数字化能力的企业来说，促进智能信息整合是必须而可行的。其次，高数字化能力可以帮助企业减少其在物流中进行交流和协作时可能遇到的技术障碍。通常，高数字化能力意味着企业能够提供一个有效的技术平台来广泛地支持企业内外知识的自由交流。而这种交流又会增加企业内部各部门间以及企业之间的了解，从而增加物流相关流程的协作的广度和深度。而这也为企业进行智能规划同步和智能运营协作提供了坚实的能力支持。因此，高数字化能力是能够帮助企业实现在线同步规划和在线运营协作的。最后，企业的高数字化能力意味着数字化的战略价值已经被该企业的高管广泛接受。这种数字化战略认知，会促使企业在战略层面上为生态共建的实施（如建立战略伙伴关系）提供精神和资源支持。同时，高数字化能力也有助于企业在其物流中与业务伙伴分享思想和价值准则。这有助于物流生态中的成员更方便地了解彼此，从而就其物流形成共同准则。

3.2.2　智慧物流生态共建的吸收能力

吸收能力是指企业所具有的识别新的外部信息的价值，并将这些外部信息吸收、运用到其最终业务中的能力（Cohen and Levinthal，1990）。吸收能力通常被认为是可以反映企业持续学习累积效应的一种动态能力（Jansen et al.，2005）。现有研究也将它看成有助于企业在面对机遇和需求时进行有效的知识管理的一种战略资产。企业的吸收能力包括企业的知识基础和企业所具有的转化基础知识的高阶能力两部分。企业的吸收能力与企业的智力技能具有相同的特性。学者将企业的吸收能力视为能够帮助企业持续发展的重要高阶能力，该能力深深地嵌入组织中，从而使竞争者难以模仿。总而言之，一个企业的吸收能力反映了该企业为应对组织和环境变化而创造、获取、传播和使用其自身内外部知识的能力，而这一能力又最终会帮助企业适应新的认知环境。Zahra 和 George（2002）认为，吸收能力是将知识经验转化为竞争优势的必备能力，其过程如图 3.2 所示。

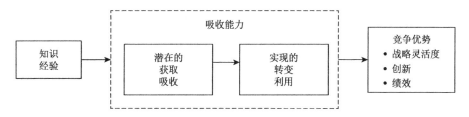

图 3.2　Zahra 和 George（2002）的吸收能力概念示意

企业的高吸收能力对其智慧物流生态共建的整体强度具有重要的影响。具体来说，智慧物流生态共建过程往往会表现为一个连续的物流流程和管理的重组过程（Netemeyer et al.，1997）。在这一过程中，企业会不断地从其业务伙伴处获取新的物流知识，并被要求将这些新的物流知识和其已有的知识共同运用到不同的物流管理背景下。在这一重组过程中，企业需要具有足够的能力将其新获取的物流知识消化、吸收并转变成其自身的知识体系中的一部分。在这种情况下，如果企业拥有高吸收能力，它就会很容易完成这些任务，从而有效地参与到智慧物流生态共建过程中（Malhotra et al.，2005）。因此，就企业的智慧物流生态共建整体参与强度而言，由于吸收能力可以扩展企业知识的深度和广度，因此企业能更容易、更快速、更深刻地认识到智慧物流生态的发展趋势，了解智慧物流生态共建中的运作机制，从而能顺利地将其传统物流运营转化成智慧物流运营，并能持续地利用其不断累积的经验来改善整合过程。

就智慧物流生态共建的整合进程来看，高吸收能力对智慧物流生态共建中的四个渐进性流程整合程度均具有正向影响。首先，企业的吸收能力反映了企业获取、吸收、转化和开放外部知识的能力。因此，获取与物流业务成员（如货运、仓储等）相关的信息就成了吸收能力最基本的能力和要求。由此可知，高吸收能力的企业同时也具有很高的信息获取倾向，而这不仅能帮助企业进行有效的信息管理，也能推动企业积极参与到其物流流程中的智能信息整合活动中。就智能信息整合而言，由于数字技术提供了一个实时的、海量的信息交换平台，因此它需要企业具备很高的信息处理能力。而企业的高吸收能力则能在很大程度上帮助企业进行这种具有挑战性的信息处理要求，从而有力地促进企业参与到智能信息整合中。其次，智能规划同步和智能运营协作要求企业在其内部及物流流程中建立系统的协作和合作关系。而这两个整合程度的顺利达成往往需要企业不断增强对彼此的了解和支持。在参与协作的过程中，企业往往会接触到大量的新信息和知识。为了能对外部环境和业务伙伴的需求进行具有预见性的推测，企业就必须将这些新信息和知识进行消化吸收，从而融入自己的知识体系。同时，企业也要不断适应新的计划和协作模式。在这种情况下，企业自身的吸收能力就显得尤为重要。由于吸收能力能够让企业有效地吸收、转化和利用新获取的和已有的信息，那么具有高吸收能力的企业就能更为成功地适应新的物流管理要求，从而更容易实现智能规划同步和智能运营协作。最后，高吸收能力可以帮助企业扩展其知识体系，而这个扩展了的知识体系可以帮助企业更容易地从整个物流生态的效益和长期发展的角度来分析和理解市场及业务伙伴的观点和价值观。这对于企业与业务伙伴形成共同价值观非常有帮助，也有利于它们建立长期战略合作关系。

综上，理解企业参与共建智慧物流生态的内在动机和能力，能够帮助生态相关方识别有潜力参与共建的企业，并促使其投入资源到智慧物流生态中。企业参与智慧物流生态共建的内在动机分为效率动机、探索动机、敏捷动机和互补动机四种，并需要企业的数字化能力和吸收能力予以支撑。在智慧物流生态共建中，不仅需要关注生态能为潜在参与对象带来的效率提升，还要衡量该生态给予参与企业的探索空间。由于外界环境的日益不确定性，智慧物流生态需要帮助成员企业解决无法对外部突发事件做出迅速、准确的反应的问题，同时需要提供相应资源来补齐成员企业短板。由于智慧物流生态的数字化属性，参与企业的数字化能力是不可或缺的支撑能力。与此同时，企业的吸收能力代表了其持续学习与迭代、动态适应市场变化的禀赋，也是参与智慧物流生态共建的基础。

第4章 智慧物流生态共建的伙伴基础

  智慧物流生态支持企业与其合作伙伴通过促进组织间的沟通、协调和合作来适应不断变化的趋势和竞争压力（Bouncken et al.，2022）。智慧物流生态的建设有助于解决当前我国物流的车、货、企业等关键要素的相互独立、难以协同发展的局限。具体而言，智慧物流生态将有助于不同关键要素、不同物流主体相互协同，重塑物流业生态与模式，构建大网络、大平台、大通道、全链条、新模式的革新之路。事实上，我国正逐步构建由国家级物流公共信息平台、区域级物流公共信息平台和企业级物流信息平台共同构成的三级综合运输物流信息服务体系。构建智慧物流生态既需要企业自身的数字化建设，又需要推动物流服务伙伴间、上下游企业间的信息有机衔接、适度共享，物流与其他行业间、不同区域间、不同运输方式之间数据的高效互联与交互协作。智慧物流生态可以实现无缝信息流动，可以帮助提升企业之间的实物流和资金流。尽管智慧物流生态有巨大优势，但物流合作伙伴有不同的管理实践、目标以及企业文化（Cai et al.，2013）。因此，推进智慧物流生态共建不是单一企业的任务，还需要其合作伙伴的支持。但在实践中，如果缺乏伙伴基础，参与企业会因为自身的利益考量而只采取对自己有利的举措。也就是说，当一个企业拥有优势资源的时候，它可能会促使合作企业做出对自己有利的行为，而不会过多考虑合作企业的利益。而处于相对弱势的企业，往往会为了维持现有的业务合作，不得不牺牲一些自己的利益，来做出合作企业期望或要求的决策，但这难以支撑智慧物流生态的长远发展。因此，现有的伙伴关系基础就成为智慧物流生态管理的一个关键因素。在物流协作中，伙伴关系基础主要体现在伙伴影响力和伙伴信任两个方面。

4.1 智慧物流生态共建中的伙伴影响力

  在物流协作中，伙伴影响力反映了在双边的组织关系中，企业对合作伙伴的依赖程度。也就是说，在企业甲和企业乙的相互关系中，如果企业甲对企业乙的依赖性大于企业乙对企业甲的依赖性，那么我们就认为企业乙对企业甲的影响力大于企业甲对企业乙的影响力（Chae et al.，2017）。在智慧物流生态共建中，目标企业（即决定是否参与智慧物流生态共建的企业）如果对物流合作伙伴有比较高的依赖性，那么合作伙伴对目标企业也就具有了高影响力。影响力反映了合作伙伴影响目标企业决策的能力。在二元关系中，影响力来源于非对称的依赖，即合作伙伴影响目标企业遵从其意愿的能力。因此，伙伴影响力也指合作伙伴在多大程度上具有充分的资源和能力去推动目标企业采用特定战略来满足自身的需求。在现有研究中，影响力来源有六种：强制、奖励、法定、专家、参考和信息（Ke et al.，2009），如图4.1所示。而这些影响力因来源不同，又会被分成不同的影响力策略，如强制策略/非强制策略、经济策略/非经济策略和中介性策略/非中介性策略。在现有的企业影响力研究中，中介影响力和非中介影响力是一组得到广泛认同的分类。该分类提供了一种比其他分类方法更理想的测度影响力的方法。

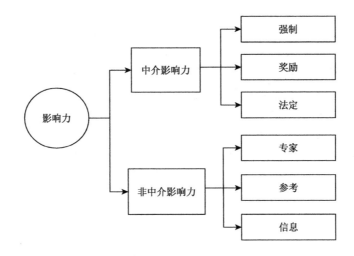

图4.1　伙伴影响力的分类

　　根据资源依赖理论，如果合作伙伴在物流协作中拥有占支配地位的资源，那么它就比目标企业拥有更大的影响力。考虑到物流运营的交互特性，智慧物流生态共建是需要各物流合作方共同参与的。如果智慧物流生态价值无法被广泛接受，那么其所带来的益处就会被大大削弱。因此，当一个具有影响力的合作伙伴认为智慧物流生态对其有益时，它也必须获得目标企业的支持，并促使目标企业参与到这个生态共建中，从而真正实现智慧物流生态的价值。由于物流协作中的相互依赖性，这种影响力的使用更为普遍。影响力有不同来源与分类，其在影响目标企业决策时发挥的作用也会有所不同。因此，当一些合作伙伴希望利用其资源支配地位，引导目标企业遵从其要求来共同推进智慧物流生态共建时，哪些影响力是有作用的以及如何发挥这些作用就是一个值得探讨的问题。本节将探讨伙伴的中介影响力和非中介影响力对目标企业的智慧物流生态共建参与的影响。

4.1.1　智慧物流生态共建中的中介影响力

中介影响力是目标企业外部的影响力，其基础是目标企业服从合作伙伴的要求。这种影响力包括强制影响力、奖励影响力和法定影响力。强制影响力是指占支配地位的合作伙伴惩罚不合作目标企业的能力。奖励影响力是指占支配地位的合作伙伴因目标企业满足前者的要求而给予奖励的能力。法定影响力是指占支配地位的合作伙伴基于合同契约所固有的合法的、正式的影响力。这些影响力来源可以进一步分为两类，即强制中介影响力（它包括强制影响力和法定影响力）和奖励中介影响力。强制中介影响力反映了占支配地位的合作伙伴对目标企业实施惩罚的能力，如实施经济处罚、拒绝支持或威胁退出协议。例如，当目标企业不愿配合时，合作伙伴会启用特殊的惩罚，包括物质上的和政策上的，或者终止目标企业参与特定协会、联盟或组织。合作伙伴通过这种强制手段促使目标企业接受其安排，从而实现相关战略、政策的执行。而奖励中介影响力则是合作伙伴通过物质和政策上的额外支持，对目标企业的配合给予激励。与非中介影响力相反，强制中介影响力和奖励中介影响力来自目标企业的外部，其条件是按照合作伙伴的意愿行事，可能会使目标企业感到被合作伙伴支配。这种合作伙伴的控制虽然可能会规范目标企业的行为，但也会导致目标企业因失去自主权而产生负面情绪。因此，即使短期内奖励中介影响力可以让目标企业获得一定的经济收益，但长期来看，中介影响力的使用会降低目标企业的社会满意度，破坏二元关系。

影响力的行使让合作伙伴能够对目标企业的决策和行为产生影响。合作伙伴可能会使用不同类型的影响力来领导目标企业建立合作关系，包括推进智慧物流生态共建。然而，不同类型的影响力可能会以不同的方式影响组织间合作。而文化和商业规范可以改变中介影响力对合作关系的影响。与发达国家相比，中国的经济转型和文化差异使中介影响力的作用更为复杂。强制中介影响力和奖励中介影响力在发达国家中，对推进企业合作往往都是无效的。而中国的高权力距离文化使强制中介影响力的潜在影响比发达国家更为明显。事实上，高权力距离文化可以诱导影响力较弱的企业遵从由优势企业行使的强制中介影响力。因此，强制中介影响力是中国最有效和行使最多的影响力类型。但是，在中国，企业中普遍存在的关系可能会促进奖励中介影响力的使用，并阻碍强制中介影响力在组织互动中的使用。学者认为，企业间关系反映了企业之间的一种环环相扣、相互依存的关系，它可以创造一种强大的治理结构，并具有独特的扩张规则和运行机制，从而增强了奖励中介影响力的作用（Huo et al.，2018a）。中国的商业关系在很大程度上受到关系或个人信任的制约，而受到合同的制约相对有限。但是，随着中国当前的经济转型，越来越多的中国企业选择高度现代化的非个人商业关系，这突出了契约的重要性。综上所述，中国复杂的经济和社会变化需要考虑不同类型的中介影响力对智慧物流生态共建的影响。

由于目标企业的业务在很大程度上依赖合作伙伴，因此为了保护自己的市场地位、保证自己能获取到稀缺资源，目标企业往往会倾向于遵从占支配地位的合作伙伴的要求，从而增加其智慧物流生态共建的整体强度。这在一定程度上凸显了中介影响力在智慧物流生态共建中的重要性。合作伙伴会以奖励或强制的方式来鼓励、劝告、要求目标企业积极投入智慧物流生态共建中。这种奖励或强制的力度越大，其对目标企业的决策影响也就越大（Reimann and Ketchen Jr, 2017）。这也就意味着为了使目标企业满足自己的要求，合作伙伴会提供与智慧物流生态共建相关的奖惩措施，来迫使目标企业参与智慧物流生态共建。而现代物流协作的网络性和系统性也使这种中介影响力快速有效地传递。同时，合作伙伴提供的奖励中介影响力会在一定程度上让目标企业看到参与智慧物流生态共建的直接利益，从而激励目标企业在智慧物流生态共建中投入资源。同样，强制中介影响力则使目标企业了解不参与智慧物流生态共建所需要承担的直接成本和风险，从而迫使其不得不参与共建。

在智慧物流生态共建的流程整合的各个阶段，合作伙伴中介影响力也将发挥不同的作用。首先，智能信息整合往往会涉及企业的一些私有或关键信息，为了保证自身的独立性和竞争优势，大多数企业会显得比较犹豫，参与积极性不会太高（Chen et al., 2018）。这时候，如果使用强制中介影响力，反而会增加企业对这种整合潜在风险的担心，引起更多焦虑。即便有企业被迫进行了整合，这种整合可能也是例行公事、表面化的整合，无法满足智慧物流生态建设的需要。而奖励中介影响力则能有效缓解这种焦虑，让企业认识到智能信息整合的价值，同时，也能理解合作伙伴在智能信息整合中的互惠互利的出发点。其次，对于智能规划同步和智能运营协作，其更多地建立在标准的、规范的流程和机制上。这种整合需要严格、细致地执行，需要合作伙伴以其强制中介影响力来保障其建设和执行。强制中介影响力，特别是相应的惩罚措施，会让目标企业意识到这一生态建设的重要性和严谨性，从而保证其在智能规划同步和智能运营协作建设中有充足的资源投入和规范的流程管理。而奖励中介影响力的作用可能相对有限，因为在智能规划同步和智能运营协作阶段，企业已经能清楚地认识到智慧物流生态共建的价值，包括其融入生态后，获取的生态赋能的竞争优势。因此，即使没有奖励，目标企业也会强化其在智能规划同步和智能运营协作的建设投入（Clauss and Bouncken, 2019）。而在战略伙伴层面，企业更多地从战略角度认识到智慧物流生态共建的重要性，这种共建参与更多地基于内在驱动，外部的影响力将变得非常有限。

4.1.2　智慧物流生态共建中的非中介影响力

非中介影响力是指能影响目标企业决策和行为的，但不由合作伙伴直接施加到目标企业的影响力。这种类型的影响力包括合作伙伴提供的参考资源、专业知识和信息。非中介影响力是目标企业对合作伙伴的认同或希望与合作伙伴紧密联系的基础。这种影响力又可以分为参考影响力、专家影响力和信息影响力三种（Siawsh et al.，2021）。其中，参考影响力是指由占主导地位的合作伙伴持有的参考权，同时被目标企业认同并将自身目标与前者密切联系。例如，合作伙伴在物流技术、流程和规范方面所制定的一些标准、指南和准则，从而形成了目标企业所遵循的参考条件。专家影响力是指合作伙伴所持有的被目标企业所重视的专门技能或知识。例如，合作伙伴在物流中的网点分布、路线规划、车队安排、分拣等各方面的专门知识。信息影响力则指合作伙伴提供目标企业以前没有的信息，并以目标企业尚未知道但有意义的方式解释现有信息的能力（叶飞和薛运普，2011）。例如，合作伙伴可以通过物联网和大数据对关联物流中的状态等进行信息集成，从而获取到整体性的物流信息，而这可能是一般的目标企业无法获得的信息。专家影响力和信息影响力之间的区别是细微的。拥有信息影响力的企业必须拥有最新的信息，并在协作中具有说服力，但并不一定要通过它们的专业形象来显示可信度。

一般来说，非中介影响力是长期导向的。通过使用非中介影响力，合作伙伴的目的是在目标企业中建立一种认同感，然后让目标企业内化所提供的理念和规范（Ke et al.，2009）。由于这种内化及其非偶然的性质，非中介影响力在企业间关系中产生的冲突较少，从而能保证智慧物流生态的质量。非中介影响力引导着目标企业的决策过程和行为，因此，学者普遍认为一个企业的非中介影响力在很大程度上能影响其他企业的战略决策和行为。例如，在物流协作这样的高交互性的市场关系中，一个企业往往会通过自身的非中介影响力来推动其他企业进行特定的创新采纳，如参与智慧物流生态共建，从而巩固它们在物流协作中的相互关系，并最终实现其自身的利益诉求。

就智慧物流生态共建而言，当核心合作伙伴支持智慧物流生态共建时，它可能会利用自身的非中介影响力来促进或支持目标企业参与到物流生态的共建中。这也就意味着，为了使目标企业满足自己的要求，核心合作伙伴会提供与智慧物流生态共建相关的参考、专家和信息资源来帮助目标企业参与智慧物流生态共建（Zhang et al.，2022a）。而数字技术赋能下的开放性和交互性，也使这种影响力得以快速、有效的散播。同时，合作伙伴的非中介影响力的使用也使目标企业能更好地了解参与智慧物流生态共建所可能产生的后果。对于目标企业来说，合作伙伴非中介影响力的使用意味着它们有机会在合作伙伴的支持下更好地了解智慧物流，并有充分的信息和专家经验参与生态共建，从而有效地应对共建中的风险、挑战和成本。事实上，由于目标企业的生产在很大程度上依赖于占主导地位的合作伙伴，因此为了保护自己的市场地位，保证自己能获取到稀缺资源，目标企业往往会倾向于更积极地利用合作伙伴的帮助而参与智慧物流生态共建。

就智慧物流生态共建的流程整合进程来看，合作伙伴可能会利用自己的非中介影响力来影响所有与目标企业有直接关系的领域。首先，合作伙伴会促使目标企业与之实现智能信息整合（Pu et al.，2020）。这主要是因为智能信息整合可以增进目标企业对其非中介影响力的了解。通过运用自身的非中介影响力，合作伙伴可以向目标企业展示自己的创新能力。这会增加目标企业对它的信任度，从而促使目标企业与之进行关键信息的分享（Rai et al.，2006）。同时，这也意味着合作伙伴为目标企业提供了改善它们关系的机会。在这种情况下，目标企业会非常倾向于与合作伙伴进行智能信息整合，特别是当合作伙伴鼓励这种整合并提供信息、参考和专家支持时。其次，为了增强竞争优势，合作伙伴会利用自己的影响力去推进目标企业参与智能规划同步和智能运营协作。通过使用与信息、专家和参考相关的非中介影响力，可以帮助目标企业克服学习曲线效应，以及避免不必要的成本和风险，并最终帮助企业克服在实现智能规划同步和智能运营协作中的挑战。

4.2　智慧物流生态共建中的伙伴信任

伙伴信任是指一方基于另一方预期的有益行为而产生的依赖另一方的意图或意愿（Meqdadi et al.，2017）。根据社会交换理论，伙伴信任可以决定组织间合作和社会秩序的性质。它有助于降低合作的感知风险，因此能推动企业在不确定的环境中相互合作。在现有文献中，组织间伙伴信任被划分为三种基本类型，即契约信任、能力信任和善意信任，如图 4.2 所示。契约信任是指目标企业对合作伙伴遵守契约协议的能力的期望。这种类型的信任专注于合作伙伴是否遵守具体的书面或口头协议，并按照公认的商业惯例行事。能力信任反映了目标企业依赖合作伙伴能力的意愿。这种类型的信任是知识驱动的，源于相信合作伙伴具有适当的执行给定任务的管理和技术能力。善意信任是指目标企业对合作伙伴的盈利能力或合作方超越合同规定的能力的信任。这种类型的信任是通过合作伙伴对目标企业的投入形成的，表现为合作伙伴对目标企业的关心、理解和关注。

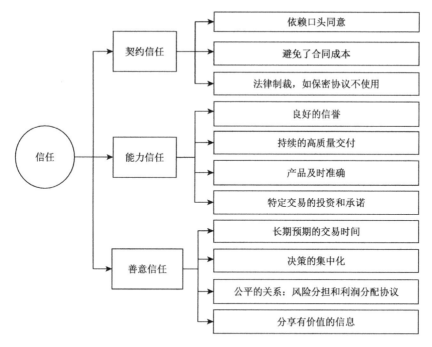

图 4.2　伙伴信任的分类

信任是智慧物流生态共建的关键因素。信任降低了目标企业与合作伙伴关系中的感知风险（Lui and Ngo，2004）。但不同的伙伴信任可能在推进目标企业的智慧物流生态共建参与中扮演不同的角色。具体而言，智慧物流生态共建通常要求对技术和流程集成合同进行管理，例如，物流投资和物流流程整合等。尽管这些合同有助于减少不确定性，但由于占主导地位的合作企业违反合同，它们可能无法协调沟通。智慧物流生态共建的成功要素是目标企业和主导企业遵守并共同负责合同条款。因此，如果没有契约信任，企业就不愿与物流合作伙伴建立业务关系。学者强调了信任在物流管理和智慧物流生态共建中的关键作用。契约信任使目标企业相信占支配地位的合作企业将遵守书面或口头的合同义务，并遵守合同条款，从而降低在智慧物流生态共建中产生的感知风险。因此，当目标企业对合作伙伴的契约信任度高时，它会更积极地参与到智慧物流生态共建中。然而，合作关系的形成通常需要开放额外的非正式沟通渠道，并扩大共享信息和知识，这增加了参与企业抵御物流合作伙伴机会主义行为的脆弱性。因此，合同信任是必要的，但对智慧物流生态共建中的关系是不够的。在智慧物流生态共建中，目标企业对合作伙伴的能力信任和善意信任也同样重要。

智慧物流生态共建要求目标企业和合作伙伴将其分散的物流流程转化为无缝的、互联网支持的整合流程。为了确保这一转变的成功，所有参与契约都应具备应对变化、不确定性和挑战的协作能力和技术能力。能力信任增强了目标企业对合作伙伴解决当前和未来问题能力的信心。这种信任使目标企业对合作伙伴在能力范围内的准确、高效和熟练的行为抱有很高的期望。这种期望将促进目标企业和合作伙伴锁定伙伴关系，并进一步引导目标企业扩大合作范围，从而使合作伙伴减少投机行为。此外，智慧物流生态共建特别强调合作关系，要求目标企业和合作伙伴对未来需求形成共识，并协调相关活动以实现共同价值。目标企业对合作伙伴的善意信任在目标企业的共建参与决策中很重要。例如，考虑到数字技术赋能所带来的开放性和互联性等特点，目标企业与合作伙伴共享的有价值的信息（如新产品开发计划、需求预测和新技术）有可能会被泄露给竞争对手。善意信任可以减少目标企业对这种风险的担忧。这种信任反映了目标企业的期望，即在物流协作关系中，合作伙伴将履行其责任、关心目标企业的福利。善意信任降低了目标企业对合作伙伴机会主义行为的感知可能性，从而鼓励目标企业参与智慧物流生态共建。

契约信任和能力信任基于知识和理性判断，而善意信任基于情感判断。考虑到采用智慧物流生态是一个影响企业成功的关键战略决策，企业需要仔细、理性地评估加入智慧物流生态的利弊（Zhao et al.，2008）。在做出这一决定的过程中，善意信任将是对另外两类信任（即能力信任和契约信任）的补充。然而，善意信任本身可能是盲目的，可能不会直接影响目标企业是否会加入智慧物流生态共建。

另外，信任的作用并不是无条件的，还需要考虑社会背景，如民族文化和制度规范（Liu et al.，2010）。中国文化具有特殊性，其注重通过人际关系的培养来建立信任。由于中国的高度关系导向，信任和关系是密不可分的（Huo et al.，2018b）。这就意味着，智慧物流生态共建需要一种潜在的互惠规范，涉及公平、互惠和长期导向。换句话说，关系可以帮助企业满足它们的期望和义务，促进整个网络的利益交换。与西方商业网络中要求等价交换的企业不同，在中国的关系网络中的企业不要求立即得到回报。因此，密切关系中的合作企业期望建立长期关系并分享彼此的共同利益，这加强了信任在智慧物流生态共建中的作用。中国还正在经历法律规范和行政系统制度化的过程。与完全依靠法律手段解决冲突的西方企业不同，中国企业对关系非常看重。中国现有的法律体系还不能完全消除组织间合作的不确定性。在这种情况下，信任作为与独立伙伴的持久和可靠的关系，就在很多企业的智慧物流生态共建的参与决策中起到了重要作用。

4.3　智慧物流生态共建中的伙伴影响力与信任

信任和影响力作为两种二元关系的结构，可以相互作用并影响组织间的合作。信任可定义为对合作伙伴的可靠性和诚信的信心。有学者指出，信任能有效传递奖励、信息和专家影响力的作用，可以缓和伙伴影响力对目标企业与合作伙伴之间合作意图的影响。事实上，在智慧物流生态共建中，合作伙伴的每个类型的影响力都会以不同的方式与伙伴信任相关联。通常情况下，使用非中介影响力是提高伙伴信任的有效方式。

4.3.1 智慧物流生态共建中的非中介影响力与信任

合作伙伴的非中介影响力与目标企业的能力信任正相关，能力信任是基于能力的知识驱动的信任（Liu et al.，2015）。在智慧物流生态共建的背景下，非中介影响力使占支配地位的合作伙伴能够帮助目标企业学习新技术，了解智慧物流生态共建中的价值创造机会。合作伙伴通过与目标企业分享信息和知识来展示其影响力，从而提高了合作伙伴的可信度。这种关系在中国尤为牢固，这是因为高权力距离文化强调企业的权威，从而增加了企业资质和能力的重要性，并对专家和非专家之间的差异形成高度有效的认知。非中介影响力展示了在智慧物流生态共建的环境中占主导地位的合作伙伴权威，从而获得目标企业更多的能力信任。另外，通过提升目标企业对合作伙伴的善意信任，非中介影响力使合作伙伴控制目标企业的感知。通过花费更多的时间和资源与目标企业分享信息和专业知识，占支配地位的合作伙伴从合作关系中显示出更多的互利价值。中国企业普遍关注基于共同利益的关系，并显现出对这一关系的偏好。商业关系的存在导致目标企业期望其合作伙伴为自己提供信息和知识，以换取优待和义务。因此，非中介影响力增强了目标企业对关系网络中占支配地位的合作伙伴的善意感知，从而提升了善意信任。这些研究表明，使用非中介影响力是促使目标企业对合作伙伴形成有利态度的有效方式。此外，非中介影响力能够促进企业分享信息和知识，有助于目标企业克服学习曲线，并建立对合作伙伴能力的信心。

然而，通过解构信任的内涵，我们发现非中介影响力和信任之间的关系并不像以前的研究那样具有一致的结论。非中介影响力也可能减少契约信任，这种信任是建立在合作伙伴将履行其与目标企业的协议的预期基础上的。通过行使非中介影响力，占主导地位的合作伙伴继续与目标企业分享信息和知识，但没有明确表明对合作关系的承诺。因此，目标企业对占主导地位的合作伙伴履行合同协议的能力产生怀疑。不太健全的商业法律法规会导致机会主义、不公平甚至非法行为等不当竞争行为的存在，从而降低了目标企业与合作伙伴建立契约信任的倾向（Wei et al.，2020）。非中介影响力与契约信任负相关的研究结果为我们理解中国的影响力-信任关系提供了新的视角。鉴于当前尚不完善的商业法律和法规，目标企业会期望占主导地位的合作伙伴采取明确的行动，以确保其所签订合同的顺利执行。仅仅分享其专业知识，占主导地位的合作伙伴没有提供之前对合作关系所承诺的足够信息，这使目标企业对合作伙伴履行合同的可能性产生怀疑，从而对目标企业的合同信任产生负面影响。

4.3.2　智慧物流生态共建中的中介影响力与信任

在智慧物流生态共建中，强制中介影响力的使用是有风险的，甚至会适得其反，因为它可能会引起额外的冲突，从而对企业间的合作关系产生一定的破坏作用。事实上，物流协作中占主导地位的合作伙伴会使用强制中介影响力，包括惩罚或合法性奖励来迫使目标企业遵从其要求。这种影响力的使用其实反映了合作伙伴在有意识地将目标企业置于其控制之下，以此削弱目标企业在双方协作中的自主性。这在一定程度上会引起目标企业的警惕，并降低其对使用强制中介影响力的合作伙伴的信任。具体而言，合作伙伴的强制中介影响力的使用可能会削弱目标企业对其的能力信任（李忆和司有和，2009）。当合作伙伴利用惩罚或合法性奖励来迫使目标企业参与智慧物流生态共建时，目标企业只能了解违背这种安排可能对自己造成的损失，但并不能以此来判断合作伙伴在推进智慧物流生态共建时所具有的能力。这会让目标企业认为，合作伙伴是在利用其主导地位，也就是利用其他企业的依赖性而不是依靠自己的能力来推动智慧物流生态的共建。这会在一定程度上使目标企业降低对合作伙伴的能力信任。

同时，惩罚等胁迫威胁的使用也会严重损害善意信任等关系规范。也就是说，企业使用强制中介影响力后，也会降低协作伙伴对其的善意信任。当合作伙伴使用强制中介影响力时，它们通常专注于实现短期合规，并认为交易关系是可牺牲的。这种情况会促使目标企业意识到，占主导地位的合作伙伴正在利用前者的依赖性，而不是专注于从它们的合作关系中实现共同利益。虽然中国企业更强调关系导向，并注重企业之间的和谐交流，但是这可能会抑制目标企业向合作伙伴表达诉求（刘华明等，2016）。然而，如果合作伙伴使用强制中介影响力，由此产生的惩罚会使目标企业别无选择，只能为自己辩护并提出抗议。强制中介影响力使目标企业质疑合作伙伴的善意，并将合作伙伴的成功归因于其利用其他企业，而不是其自身的能力。在这些条件下，目标企业对合作伙伴的善意信任遭到破坏。

强制中介影响力也可能降低契约信任。在复杂的交易中，一份正式的合同明确指出了当满足合同条件时要防止的惩罚和法律影响。然而，这种影响力会使占主导地位的合作伙伴对目标企业施加额外的惩罚，这破坏了协定的条件，并增加了目标企业对正式合同执行的怀疑。因此，目标企业对合作伙伴的契约信任被破坏。但从另一方面而言，中国的高权力距离文化促使企业尊重影响力（Liu et al.，2010）。出于对权威的尊重，目标企业不会将强制中介影响力视为合作伙伴不遵守约定条件的表现，而是将合作伙伴的惩罚威胁视为合法行为。因此，中国的目标企业不像其他文化中的企业那样消极地接受强制中介影响力，也不会减少对合作伙伴的契约信任。而当前的法律制度在维护合同上所提供的保障机制还相对有限。因此，当占主导地位的合作伙伴使用强制中介影响力来利用目标企业的依赖性时，后者容易对前者遵守合同条款的能力失去信心。

相比之下，有学者认为，奖励中介影响力的使用可能会使目标企业对其与合作伙伴的关系产生积极的反应，从而增加能力信任。这种影响力可以表示合作伙伴提供组织支持和保障目标企业需求的影响力和能力。奖励会增加目标企业对合作伙伴的能力信任。在高影响力距离文化中，合作伙伴通常对目标企业期望的资源和报酬行使相当大的控制权。这种奖励可以代表合作伙伴对目标企业的权威，这使目标企业相信合作伙伴有能力做出期望的行为。

奖励中介影响力也可能导致目标企业相信占主导地位的合作伙伴会遵守合同协议，从而增加合同信任。通过设定明确的、可衡量的奖励标准，占主导地位的合作伙伴更倾向于帮助目标企业实现其目标。当目标企业遵守前者的要求时，合作伙伴可以向目标企业提供奖励，包括获得有限的资源。然后，这些奖励被视为合作伙伴履行其合同的明确行动，这促使目标企业认为合作伙伴是值得信赖的，从而促进了伙伴信任的发展。

在中国，对关系和长期合作的强调会进一步限制奖励中介影响力对信任发展的影响（叶飞和徐学军，2009）。具体来说，关系的存在可能会削弱奖励中介影响力对善意信任的潜在负面影响。正如学者所主张的，长期的商业关系会让企业倾向于期望从其合作伙伴那里获得优惠待遇以换取益处，而不考虑占主导地位的合作伙伴的奖励中介影响力。此外，长期关系鼓励企业重视互惠，并将奖励中介影响力视为加强合作关系的一种姿态。事实上，中国企业通常倾向于牺牲短期利润，从而获得长期发展的机会。因此，目标企业并不将奖励中介影响力与合作伙伴履行约定条件的能力或承诺联系起来。也就是说，主导企业的感知奖励中介影响力不影响目标企业对主导企业的能力和契约信任。

综上，本章阐述了智慧物流生态共建中的伙伴关系，探究参与成员间的合作模式。具体而言，本章探讨了伙伴影响力和伙伴信任之间的关系，特别是其在中国共建智慧物流生态的机制，力图为我国企业在智慧物流生态中如何协调信任和伙伴的关系提供决策建议与参考。本章系统地介绍了信任的三个组成部分，并分析了各类信任对我国智慧物流生态共建的影响。其中，能力信任和契约信任可以促进智慧物流生态采纳意愿，而善意信任没有相关效果。本章还区分了影响力的相关维度，将其分为中介影响力和非中介影响力，并探讨其对智慧物流生态共建的作用。此外，本章还探讨了在中国这个快速成长的新兴经济体中，影响力、信任与智慧物流生态共建之间的关系。中国在全球供应链中扮演着至关重要的角色，与成熟经济体不同，中国有着特殊的文化和制度环境，其特点是高影响力距离文化、关系网络盛行和市场机制不发达。因此，验证关于成熟经济体中的影响力、信任和共建智慧物流的研究结果在中国背景下是否仍然有效具有重要意义。我们的探讨也阐述了在成熟经济体背景下建立的影响力-信任理论，并将其推广到中国等新兴经济体的背景下。本章为管理者提供了在供应链中发展影响力和信任的决策指导：①影响力和信任维度之间的区别使管理者能够了解影响力和信任不同维度之间的复杂关系；②非中介影响力、强制中介影响力和奖励中介影响力的各种效应支持管理者在使用影响力影响信任方面做出正确的决策；③本章提醒管理者注意能力信任、善意信任和契约信任在促进智慧物流采纳中的不同作用；④管理者应该意识到，高影响力距离、关系导向和不发达的市场机制在供应链的总体管理和引入智慧物流生态中扮演着重要角色。

第5章 智慧物流生态共建的环境条件

随着我国产业不断升级，物流行业服务的上下游产业链越来越庞大，物流协作流程日益复杂。传统物流运营模式已经难以满足产业链物流服务需求。而人工智能等数字技术及其所支持的智慧物流生态在物流行业逐渐发挥不可替代的作用。基于数字技术的智慧物流生态的发展允许企业以一种更实用和更容易实现的形式来延伸和整合物流协作网络。这种生态发展能够实现最大范围的物流整合，并将理想的实践转化为可操作的现实。具体来说，智慧物流生态为企业提供了一个平台，使企业可以在运营、战术和战略层面进行沟通、协调和合作。智慧物流生态解决了传统物流在低成本、丰富内容、实时数据和跨渠道部署之间的选择问题。因此，共建智慧物流生态被认为是当前物流运作战略的一个基本趋势。然而，由网络效应和相互依赖性带来的高度不确定性阻碍了企业参与智慧物流生态共建。企业智慧物流生态的低采用率可能导致低效的物流协作，降低企业的竞争地位。

智慧物流生态共建在本质上并不是一个企业所能承担的系统工程，它需要整个物流协作群体的共同投入和努力，而不是单纯个体企业能够完成的。因此，目标企业的共建决策过程中不仅需要考虑其自身的动机和能力，还需要考虑外部环境条件。外部机遇反映了能为企业实现智慧物流生态共建决策提供特定条件的外部因素。这些因素体现了企业外在的环境或背景机制能促进企业采取特定行为的程度。基于当前智慧物流生态共建的相关文献，本章将企业外部业务伙伴的数字化程度、外部市场的竞争强度以及外部制度压力看成能影响企业参与智慧物流生态共建的重要环境条件。

5.1 智慧物流生态共建中的外部数字化程度

外部数字化是指企业业务伙伴在多大程度上通过数字技术来执行日常物流流程（包括由内而外、内部和由外而内），它反映了智慧物流生态共建时目标企业的外部协作对象已具有的数字化水平。高水平的外部数字化程度意味着目标企业的外部环境已经有很好的数字化运营基础，其核心业务伙伴在很大程度上正通过数字技术来运行其大部分物流活动。这在一定程度上反映了数字化已经成为目标企业所处环境中的重要物流运营手段，也表明其外部已经具备了良好的智慧物流生态共建的数字技术条件。这一外部条件会进一步推动和加强整个物流体系对数字化管理活动以及衍生的新业态（如智慧物流生态）准则的认同，从而让目标企业有机会加深对物流管理活动数字化的认识。

当目标企业需要对一个具有高外部网络交互性的战略进行决策时，业务伙伴的准备状况对其最终决策的制定是相当重要的。这意味着较高的外部数字化程度会增加目标企业对智慧物流生态共建所拥有的外部支撑条件的认可、减少其参与共建的顾虑，并激发其希望通过参与共建来开展专业数字化物流工作的期望。具体而言，智慧物流生态共建具有高网络交互特性，这使其物流业务伙伴的数字化准备状况对目标企业而言变得尤为突出和重要。通常，物流业务伙伴的数字化程度能在很大程度上体现出其已经能够通过物联网、大数据、云计算等技术来提供一定水准的智能物流服务。这些数字技术的广泛使用表明在目标企业的业务网络中已经建立了可以用来改善物流协作的智能生态的技术基础，并且业务网络的参与者大多具有了支撑智慧物流生态共建所需要的智能物流的管理能力。当目标企业发现其业务伙伴已经为智慧物流生态共建做了充分准备后，其自身的参与意愿也会增强。另外，由于物流业务伙伴已经具备了相应的智慧物流生态的技术和管理准备，目标企业在实际共建中就会得到物流业务伙伴很大的支持，同时也避免了因为业务伙伴准备不充分而造成的不必要的成本和风险。同时，当外部数字化程度较高时，目标企业和其业务伙伴对智慧物流生态共建中所需的对技术的理解、对新管理模式的认识，以及对生态价值的认同都比较容易形成共识。这会进一步影响到企业对智慧物流生态共建的认知，并最终使它们对智慧物流生态共建建立起一个理性的态度。总而言之，外部数字化程度为目标企业提供了一个能在具有集体期望和良好外部准备情况的条件下参与智慧物流生态共建的机会。

而在智慧物流生态共建的不同流程整合进程中，外部业务伙伴的数字化可以推动目标企业参与到智能信息整合、智能规划同步和智能运营协作中。具体来说，智慧物流生态共建并非只涉及目标企业自身的管理问题，它涉及的是关系到目标企业和其核心业务伙伴两方面的物流管理问题。因此，企业能否成功参与智慧物流生态共建的这三个渐进整合过程，需要依赖其核心业务伙伴将物流中相关流程数字化的程度。例如，如果目标企业希望实现智能信息整合，就必须保证其自身和其核心业务伙伴都已经将与它们之间的业务有关的信息进行数字化。而业务伙伴的数字化程度则满足了这一必备条件，同时也会对目标企业产生遵从这种数字化趋势的压力，并最终推进整个物流生态共建驱动的智能信息整合。同理，当业务伙伴已经完成其物流流程的数字化后，如已经实施了智能协同进行产品规划、需求预测和补货、采购和路线规划等系统，目标企业就会不得不进行相同的数字化工作。这主要是因为，只有符合了业务伙伴的管理要求，目标企业才有可能维系它们的关系，而不被现有或潜在竞争对手取代。对于目标企业而言，追随这种趋势也是改善自己与业务伙伴的合作关系的良机。因此，当业务伙伴具有了很高的数字化程度后，目标企业就比较容易被推动着去参与智能规划同步和智能运营协作。

5.2　智慧物流生态共建中的外部竞争强度

竞争强度是指一个企业在其行业中所面对的竞争的程度，它反映了企业所经历的竞争性对抗的激烈程度。强烈的对抗往往会迫使企业不得不关注其竞争对手的竞争性行动，从而随之调整自身的应对措施。在这种情况下，企业往往会将竞争强度归因于竞争对手战略选择的成功程度。它们认为行业中的竞争强度主要是其自身和竞争对手之间竞争优势的差异造成的。因此，竞争强度也可以表述为企业所感知到的竞争对手的战略选择成功程度。这种感知能让企业拥有向竞争对手学习成功执行战略选择的机会。同时，由于企业通常会害怕失去竞争优势，因此竞争强度会推动企业去主动模仿竞争对手的成功经验。

考虑到智慧物流生态正成为物流管理的发展趋势，目标企业所感知的外部竞争强度在一定程度上会推动其参与共建。具体来说，高竞争强度需要企业不断地提高其自身效率并改善竞争优势。而智慧物流生态已经被很多学者和从业者看成达到此目的最为有效的工具。他们认为智慧物流生态能帮助企业通过联合部署物流成员的资源和知识来应对已有的和潜在的竞争压力，从而改善其效率并提升其竞争优势。在这种情况下，目标企业会因为竞争的需要积极地参与到这种新兴的物流管理模式中。另外，外部竞争强度的增加也意味着竞争对手会积极地寻求更好的竞争优势来源。智慧物流生态则因为其效率和效益优势，会成为竞争对手积极推进的战略。在现实中，部分企业的成功不仅凸显了智慧物流生态共建的益处，也为目标企业制定自己的相关决策提供了有价值的参考。具体而言，智慧物流生态共建的成功会让目标企业有机会实地考量和研究智慧物流生态共建所能带来的好处和成本，而非仅仅参考理论研究。因此，高竞争强度容易推动目标企业去模仿竞争对手成功的智慧物流生态共建行为。

竞争强度对于目标企业参与智慧物流生态共建的各整合阶段也会产生正向作用。首先，竞争强度会推进企业的智能信息整合。高竞争强度往往意味着当前市场的高不确定性，这就表明在整个物流协作中获取各类信息对于目标企业保持竞争优势非常重要。智能信息整合能增强物流协作中的信息透明度，从而提高目标企业对物流变化的敏感度。而智能信息整合因其开放性、实时性和智能性，可以在最大程度上帮助目标企业扩展其获取信息的广度和深度，从而使其把握市场先机，并有效地提升其竞争优势。因此，当目标企业所处的行业的竞争强度有所增强时，它就很容易选择参与智能信息整合。其次，高竞争强度正日益迫使企业不得不在团队或供应链层面，而非单个企业层面上展开竞争。学者认为智能规划同步和智能运营协作符合这一趋势，从而有利于目标企业适应这种团队或供应链层面竞争的趋势。这两种整合都可以通过减少运作失误和提高物流效率来提高企业的竞争力。由此可知，当企业面对很高的竞争强度时，就非常有可能选择参与到智能规划同步和智能运营协作中。同理，为了适应团队或供应链层面的竞争，企业必须与其物流业务伙伴建立起共同的物流服务准则。这种共同准则不但可以保证整合后的企业能共同为它们的联合目标而努力，而且可以进一步促进它们之间长期合作关系的建立。因此，当企业面对高竞争强度时，与业务伙伴建立起战略合作伙伴关系就是一个非常明智的选择。

5.3　智慧物流生态共建中的外部制度压力

制度理论认为制度是影响个人或组织行为的关键环境因素。个人或组织行为受到由政府以及利益相关者所组成的社会关系网络的评价，具有社会性和规范性的特征。制度是约束个人或组织行为的正式和非正式的社会秩序、规范和程序的总称。制度包括正式制度和非正式制度两个部分。正式制度主要是指国家和政府制定的法律法规以及政策；而非正式制度是由价值观、准则、信仰、习俗等组成的社会规范。在企业中，制度的影响无处不在。在个体层面，管理者有意无意地遵循管理规范、组织习惯、社会习俗和传统。在组织层面，企业需要遵循政治、社会、文化和信仰体系的规范。在组织间层面，企业面临着来自政府、行业联盟和社会期望的压力。因此，企业的日常经营过程广泛受到制度的影响。

制度理论提出组织的行为需要满足制度期望和规范，以符合社会制度的合法性规定（DiMaggio and Powell，1983）。合法性是指组织的行为与广泛建立的社会规范、规则和信念是一致的，并被利益相关者所接受和认可。合法性包括经营过程合法性和经营结果合法性。经营过程合法性是指企业经营战略、策略和具体活动被制度环境所认可和支持。例如，物流企业经营过程中，有效降低物流活动的噪声污染、空气污染和能源消耗，实现绿色运输、绿色包装、绿色流通、绿色装卸以及绿色配送，以满足环保法律法规的要求。经营结果合法性是指企业所提供的产品或服务被利益相关者和制度环境所认可。例如，物流企业通过智慧物流生态共建提供高质量的物流服务，满足客户的物流需求，被客户所认可。当企业遵守制度、获得合法性时，就能增加利益相关者对企业的好感，为企业赢得更多的发展机会。因此，企业往往会回应利益相关者关于社会规则、规范、文化和价值观的要求，采用大多数组织所接受的组织形态、结构和行为。制度环境所产生的制度压力，使企业行为趋同，导致同构行为。DiMaggio 和 Powell（1983）进一步将制度压力分为强制压力、模仿压力和规范压力，如图 5.1 所示。

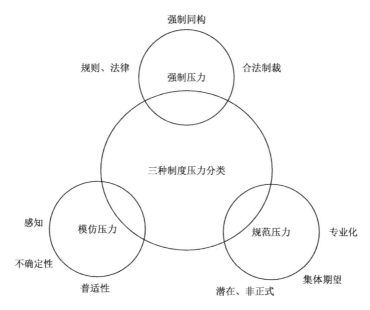

图 5.1　制度压力示意图

　　企业对制度压力的感知会影响其对总体环境的理解和对智慧物流生态采纳意图的理解（DiMaggio and Powell，1983）。在智慧物流生态共建过程中，其中一部分供应链企业考虑到构建智慧物流的基础设施投入巨大、物流进行数字化变革存在一定的风险等因素，从而不愿意或者拒绝进行相关投入，脱离智慧物流生态共建。然而，根据制度理论中的规范压力、模仿压力、强制压力等因素分析，在行业的规范下，行业标准不断提升，行业中的企业不断进行变革，某一个企业脱离整个行业发展趋势，注定是没有前途的。当行业中某个头部物流企业进行数字化转型，采用智慧物流生态系统给企业带来巨大收益时，其他企业基于自身企业的利益和未来发展考虑，必定会学习头部企业的做法，产生模仿行为。当同一个行业中的大多数企业加入智慧物流生态中时，企业之间的效率、企业内部的绩效都会提升，核心企业的智慧物流生态建设迫使其他依附于核心企业的小企业加入智慧生态中。企业拒绝数字化转型、脱离智慧物流共建是不明智的，制度理论中的各要素会驱使企业加入智慧物流生态共建。

5.3.1　智慧物流生态共建中的强制压力

　　强制压力是组织顺从所依赖的强势企业所施加的正式或非正式的压力（DiMaggio and Powell，1983）。强制压力一般是通过网络中成员间的关系渠道传播的，要求企业满足强势利益相关者的需求。当强势企业感知其他企业的运营和其期望不一致时，强势企业会为了自己的利益，要求其他企业采用有利于其运营的经营策略和行为。鉴于组织之间的权力不对称，合作伙伴会为了维持市场地位和获取强势企业所提供的资源，满足强势企业的期望。例如，企业采用新的物流包装材料以符合客户的要求；采用特定的数据标准以满足客户企业数据管理的要求；采购符合国家第六阶段机动车污染物排放标准的货车以满足客户的环保要求。强制压力往往具有不可违抗性。强势企业可能对其他企业的不服从行为进行惩罚。

强制压力在物流行业很常见，并通过物流生态成员之间的关系渠道来施加影响。在物流行业，强制压力既包括来自政府或物流行业协会的要求，也包括供应商和客户在内的成员提出的要求。具体来说，政府和物流行业协会往往制定诸多准入性的门槛。例如，政府和物流行业协会根据市场变化，对物流的技术、标准和管理等提出具体的要求。在数字化成为智慧物流生态主要属性的情况下，政府或物流行业协会对物流相关企业的数字技术投资、管理配套等方面都提出了强制性要求。这些要求决定了企业生存和发展的基础，对企业而言就形成了不可违抗的强制压力。

同时，在物流生态中，主导企业也可以通过提出强制性要求对生态成员企业施加强制压力。具体来说，当物流生态主导企业意识到成员企业的物流运作与其期望不符时，它会通过要求成员企业采用对自己有利的物流协作方式，来推行一种对自身利益有利的战略。当这种要求变得强烈时，它会向成员企业施加强制压力。成员企业因为处于弱势地位，可能会顺应主导企业的要求，以确保自己的市场地位和继续获得主导企业提供的稀缺资源。

随着智慧物流生态价值被广泛接受和认可，越来越多的大型企业试图搭建智慧物流生态，以保持竞争优势。这些大型企业作为智慧物流生态共建的主导企业，可能会强迫其物流生态成员参与到智慧物流生态共建以满足其物流高效运作的要求。在这个过程中，物流生态成员企业因为对主导企业业务的依赖，会感受到强制压力。强制压力使管理者注意到主导企业的影响，并更好地理解参与或不参与智慧物流生态共建的后果。生态成员企业如果违背智慧物流生态主导企业的要求，可能会危及其自身的生存。因此，成员企业倾向于遵从主导企业的要求，参与到智慧物流生态共建中。

5.3.2　智慧物流生态共建中的模仿压力

模仿压力主要是企业通过学习领先企业或竞争对手的成功经验来模仿它们的经营模式。企业可以通过模仿领先企业或竞争对手的竞争战略、运营策略以及日常经营活动，复制其成功路径。面临原因不明确或解决方案不明确的问题时，企业可以研究领先企业或竞争对手是如何进行经营决策的。企业将领先企业或竞争对手的成功归因于它们的战略选择，并通过采用相同的行为来模仿这些成功的企业。因此，尽管从效率的角度来看，模仿并不总是合理的（Heugens and Lander，2009），但企业可能仍然迫于模仿压力，通过模仿来减少感知风险和寻求合法性。此外，不确定性也是模仿压力的主要源头。理性的企业为了降低决策判断失误导致的损失，会以领先企业和竞争对手成功的既有运作模式及行为模式作为决策参考。企业决策结果的不确定性越高，模仿其他领先企业和竞争对手的可能性就越大。虽然被模仿的领先企业可能不知道被模仿或者不想被复制，但是相关战略和做法还是会被无意地通过员工调动或离职间接传播，或者由咨询企业和行业协会等组织传播。因此，某些竞争行为的普遍性可能归咎于模仿过程的普遍性。

智慧物流生态共建过程中，模仿压力将驱动物流生态成员参与到智慧物流生态共建中。当生态成员对参与智慧物流生态共建的回报难以判断时，成员企业往往会以已经参与智慧物流生态共建的竞争对手或其他企业为标杆，以竞争对手的回报作为其评判是否参与智慧物流生态共建的一个重要依据。若生态成员了解到竞争对手或者其他成员企业在参与智慧物流生态共建中实现了价值增值，生态成员企业将感知到模仿压力，进而参与智慧物流生态共建。此外，企业参与智慧物流生态共建也面临较大的不确定性，而智慧物流生态共建参与的评估成本和试错成本往往是企业难以承担的。因此，生态成员企业为了降低评估和试错成本，可能会直接屈服于模仿压力，而参与到智慧物流生态共建中。

5.3.3　智慧物流生态共建中的规范压力

规范压力主要来源于行业协会、专业机构、社会团队等利益相关者所制定的专业化标准、规范、准则和价值观（Heugens and Lander，2009）。专业化的利益相关者认可的行为标准和规则会形成潜在的和非正式的集体期望，通过组织间交互传播集体期望，逐渐形成公认规范。为了获得和维持合法性，企业需要遵循公认的行为规范，并受到规范压力的影响。规范压力为企业提供了行为准则和范本，通常以行业规范、专业认证、行业共识、行业资格与标准等形式体现，并通过行业组织、专业机构传播和扩散。

智慧物流生态共建已经成为物流行业的共识。这种共识产生了参与智慧物流生态共建的规范压力。智慧物流生态的价值已经在物流业上下游产业链中形成共识，推动物流生态成员之间建立和传播智慧物流生态共建的规范。物流生态成员从生态网络中学习到这些规范之后，会进一步加深对智慧物流生态价值的认知和态度。物流生态成员企业为了避免被排除在智慧物流生态之外，并确保从智慧物流生态中获得资源，往往会选择遵循规范压力，并参与到智慧物流生态共建中。这种共建参与反过来又使智慧物流生态的价值被生态成员所广泛接受，从而对其他未参与的生态成员企业施加更大的规范压力，并促使它们参与智慧物流生态共建。

5.4　智慧物流生态共建中内部文化制约下的制度压力影响

虽然企业参与智慧物流生态共建的决策会受到制度压力的影响，但企业在实际决策中也会基于自己的价值观去评估参与智慧物流生态共建对自身利益的影响。也就是说，为了寻求合法性，企业在决定是否参与智慧物流生态共建时会考虑外部利益相关者的社会期望，但同时也会基于自己的价值导向来进行评估。企业往往遵循自己的规则和价值观来行使自由裁量权，而不是被动地服从其组织领域中流行的标准。组织文化已被认为是影响物流管理实践的关键因素。组织文化是企业内部组织成员所形成和沉淀的被广泛接受和认可的价值与规范，包括成员的思想和行为方式、成员的工作态度、成员间的相互关系以及企业行事风格等。组织文化被认为是企业持续创新和维持竞争优势的源泉。组织文化会影响企业如何理解智慧物流生态共建的价值，并影响企业对制度压力做出回应。虽然制度压力和组织文化都可能影响企业参与智慧物流生态共建的倾向，但不同组织文化的企业在应对制度压力的方式上存在很大差异。如果物流生态成员企业感知到智慧物流生态内在的价值观与其组织文化是一致的，那么它更有可能参与到智慧物流生态共建中。因此，制度压力和组织文化可能会相互作用，从而影响智慧物流生态共建参与的决策。

组织文化是组织成员具有的一致的假设、信念与价值观的集合，它们反映在组织实践和目标中，并帮助组织成员理解组织功能。组织文化主要由三个方面构成：首先是由企业制度、企业形象、员工状态表示的企业的形象与标识；其次是由企业做事的原则、企业对待员工和对待客户的准则等构成的企业核心价值观；最后是由企业战略定位、企业的使命和愿景等构成的企业理念。组织文化是企业的灵魂，是企业发展的不竭动力，体现了企业的精神和价值观。同时，组织文化通过管理制度、道德规范等约束企业员工的行为。它影响企业如何应对外部事件并做出战略选择。组织文化是一个抽象概念，每种组织文化都有其独特性。要理解组织文化的内涵，就需要充分梳理组织中文化的特性，对组织文化进行合理分类。在现有的文献中，Quinn 和 Rohrbaugh（1983）提出的竞争价值模型是分析组织文化的经典框架。竞争价值模型强调采用兼容性思维方式，从企业整体和全局的角度对组织文化进行分析。竞争价值模型认为任何企业都不会只存在单一的组织文化类型，或多或少地会存在其他类型的组织文化特质，组织文化也不存在优劣之分。

竞争价值模型为研究中国物流企业的组织文化提供了一个理想的框架。中国物流企业仍处于不断发展的阶段，并不断改变其业务范围和规模。因此，中国物流企业同时拥有竞争和冲突的价值观，以应对高度动荡的市场环境。竞争价值模型揭示了价值导向的复杂性，并允许对企业内部和外部的价值导向进行比较。因此，竞争价值模型被认为是研究组织文化的一个有效的概念框架。此外，竞争价值模型为研究组织文化提供了一种可靠的定量方法。其测量的有效性已经被先前的实证很好地验证。因此，竞争价值模型可以用来研究组织文化在智慧物流生态共建决策中的作用，如图 5.2 所示。

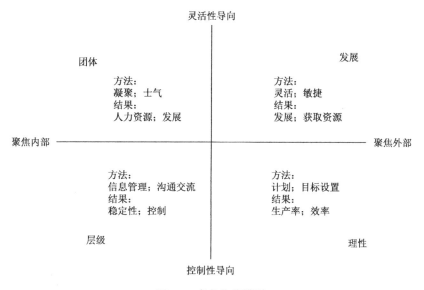

图 5.2　竞争价值模型

竞争价值模型把企业文化指标按照内部-外部和灵活-控制两个维度进行分类。第一个维度，即灵活-控制轴，显示了企业对变化或稳定性的关注。灵活性导向重视创造性、自发性和冒险精神。相反，控制性导向强调秩序、可预测性和效率。第二个维度，即内部-外部轴，关注发生在企业内部或外部的活动。聚焦内部强调内部活动的流畅，而聚焦外部强调竞争和环境分化。竞争价值模型强调了组织文化中相互竞争和相互对立的竞争价值，有助于理解一个企业的价值观。

另外，竞争价值模型将组织文化分为团体型、发展型、层级型和理性型文化。团体型文化强调灵活性和变化，重视响应性。这种文化类型倡导成员关怀，追求和谐共处的组织文化。组织往往具有很高的凝聚力，成员之间和谐相处，共担责任，共享成果。企业成员对企业有很高的认同感和归属感，并集思广益，相互支持。发展型文化注重外部，以变革为导向，它鼓励企业家精神、创造力和冒险精神。发展型文化追求创新、冒险和成长。企业强调通过持续创新来应对外部环境的变化。企业鼓励成员积极创新、勇于挑战、敢于冒险。企业成员需要积极分享知识，追求自我成长。企业往往采用灵活的结构，以应对市场风险。层级型文化的特点是强调统一、协调、效率和严格遵守规则与条例。层级型文化的企业强调层级控制，组织方式为层级型结构，具有严格的管理等级。企业行事风格保守谨慎，按既定的章程办事。层级型文化下，成员依据企业的章程和规定执行任务，强调企业运营的稳定性。理性型文化重视生产力和成就，它通常是外部竞争驱动的。理性型文化追求效率，强调目标导向。企业成员和企业之间的关系以契约维系，成员追求任务的完成。这四种类型的组织文化都有自身的特点，也与相邻的组织文化类型存在相似的价值。但是，处于对角线位置的组织文化类型则没有共同的价值。

越来越多的研究认为组织文化是组织战略的指南。组织文化可以影响管理人员在决策过程中的信息处理能力以及行使裁量权的能力。具体来说，以灵活性为导向的文化（即发展型和团体型文化）和以控制性为导向的文化（即理性型和层级型文化）分别影响企业对外部事件的理解，从而分别影响企业如何应对外部环境的期望和要求。制度理论学派认为，企业在应对制度压力时会行使自己的自由裁量权。组织对制度压力的应对不是在所有制度条件下都是被动服从的，企业也会在制度压力中积极追求自身利益。因此，灵活性和控制性导向文化会对企业如何应对智慧物流生态共建的制度压力产生不同的影响。

根据制度理论，强制压力、模仿压力和规范压力导致企业采用类似的组织形式和实践。但是，灵活性导向的组织文化强调创新、冒险和变革。因此，灵活性导向的企业往往不会重视屈服于制度压力所获得的资源，而是倾向于建立差异化优势。灵活性导向的企业更相信异质性能够产生竞争优势，并且独立自主地评估创新，而不被外界影响所动摇。

企业的灵活性导向可能会削弱制度压力对智慧物流生态共建参与的影响。具体来说，对智慧物流生态共建的规范和模仿压力表明了智慧物流生态共建参与成为物流行业的主流共识。因此，企业不太可能通过参与智慧物流生态共建获得先发竞争优势或将自己与竞争对手区分开来。与低灵活性导向的企业相比，高灵活性导向的企业倾向于自己特定的竞争方式，并不屈从于规范压力和模仿压力。此外，由于其对风险承担和独立自主性的重视，高灵活性导向的企业更倾向于根据自身的情况来评估参与智慧物流生态共建的优势和劣势，而不是基于物流生态主导企业的期望和要求来决定是否参与智慧物流生态共建，因此，灵活性导向文化将限制强制压力的影响。在相同的制度压力水平下，具有高灵活性导向文化的企业不太倾向于参与智慧物流生态共建。

另外，屈服于制度压力可以让企业确保其合法性，避免管理混乱。而控制性导向文化的企业强调有序性、稳定性和可预测性，将对制度压力的遵从视为保持稳定性的重要方式，重视遵从制度压力带来的同质性。特别是当企业意识到智慧物流生态共建参与具有很高的规范压力和模仿压力时，它会将智慧物流生态共建理解为物流行业的流行趋势的信号。具有高控制性导向的企业更加看重效率，这也是智慧物流生态的优势。因此，以控制为导向的企业更有可能采纳智慧物流生态。同样，当一家企业感受到高水平的强制压力时，它会从强势的主导企业那里得知物流生态的其他成员会基于智慧物流生态协调物流运作。与低控制性导向的同行相比，高控制性导向的企业可能更重视智慧物流生态共建所带来的高效、无缝和及时的运营合作。高控制性导向的企业可能更倾向于参与智慧物流生态共建。因此，给定相同水平的制度压力，具有更高程度控制性导向的企业更倾向于参与智慧物流生态共建。

综上，本章着重探讨了影响企业参与智慧物流生态共建的环境条件。由于智慧物流生态是一个开放共享的系统，其外部条件对共建过程起到了不可忽视的作用。本章首先论述了智慧物流生态共建中的外部数字化程度，将其作为生态共建的外部环境基础来影响企业的共建决策。其次，本章阐述了智慧物流生态共建中的外部竞争强度的重要作用，指出目标企业参与该生态的共建过程和投入，将会受到其面临的市场竞争强度的影响。最后，本章从制度理论的视角，将制度压力分为强制压力、模仿压力和规范压力，分析了制度压力如何影响企业对智慧物流生态共建的采纳决策，同时指出组织文化对制度压力作用发挥的调节作用。

第二部分　智慧物流生态共建机制

第6章　智慧物流生态中的心理契约与知识共享

　　智慧物流生态的本质就是基于平台运营中心，实现数据、信息和知识的无缝链接和开放共享。它通过采用物联网、大数据、云计算和人工智能等数字技术，确保整个生态能实时收集、分享并处理信息和知识，从而做出最优决策。在智慧物流生态中，实时感知、优化决策和智能反馈是有效运营的核心功能，这些功能通过不断的连接升级、数据升级、模式升级、体验升级、智能升级等实现物流升级，从而形成最优的物流方式。而无论智慧物流生态中的智能感知，还是智能决策或智能执行，依托的都是各类专业知识的获取、存储、应用和转化。因此，智慧物流生态共建在一定程度上促进了各类专业知识，包括数字技术、运营管理、优化决策等，在生态中有效地开放共享。知识共享也就成为智慧物流生态共建中的核心主题和内容，也成为保证生态成员应对环境变化的关键。在智慧物流生态中，知识共享使生态成员能在开放的平台运营中心学习组织外部先进的知识，扩大自身的知识基础，强化企业能力。生态成员间的物流信息采集、信息系统对接、信息交换规范的标准统一，以及在仓储、物流、配送等物流业务中物流业务标准的统一，都会显著提高共享知识在物流业务中的运用效率，并实现生态内物流计划和运营流程的协调，助力成员优化运营流程、减少冗余环节和缩减成本，最终提高整体智慧物流生态竞争力。

　　虽然在智慧物流生态中，数据技术标准的统一和物流业务标准的统一都保证了知识共享在技术和业务上实施的条件，但在实践中，激励和引导生态内的企业相互共享关键知识还面临极大的管理挑战。其中，最关键的挑战是如何保证智慧物流生态中的企业在知识共享上形成一致的自我评价。智慧物流生态中，知识共享是企业提高物流服务水平的重要手段。因此，生态企业都会共享自己的相关知识，但这种共享会因为企业在生态中的地位、角色和自身条件等不同而对共享价值产生不同的期望。也就是说，合作伙伴的知识共享虽然符合合作伙伴对知识共享的定位，但有可能并不符合目标企业对其分享的期望。目标企业可能会认为合作伙伴在知识共享中有所保留。而在实际情况中的确会存在这种知识共享的障碍，企业必须考虑自身条件，量力而行地共享知识。

　　一方面，智慧物流生态企业因为自身角色差异，如不同企业可能在物流的运输、仓储、包装、装卸搬运、流通加工、配送、信息服务等环节具有差异化的知识。而这种专业的差异化，会在一定程度上影响到知识的理解，这就会让分享企业投入大量的时间和精力去解释这些特定知识，也会造成不同专长的企业对同一知识存在差异化理解，从而很难达到知识共享评价的一致性。另一方面，每个生态企业都因业务属性差异而存在敏感信息或专有知识（如运营数据、商业策略、知识产权），这些敏感信息和专有知识构成了企业的核心竞争优势，共享会有被泄露给竞争对手的风险。因此，即使在平台运营中心，也会设置数据和知识的访问权限与范围，从而保护企业利益。因此，在这些条件的制约下，了解智慧物流生态企业并形成一致的知识共享评价机制，从而实现一个有效、良性的知识共享氛围就显得很重要。

在智慧物流生态中，知识共享并不是强制性的，而是需要外在和内在的激励才能不断实现。这种特性表明，单一的技术和业务标准的统一无法保证实现这样的内在或外在激励。而心理契约被认为是实现非制度要求的关键，因此一直在知识共享中发挥着重要作用。心理契约源于社会交换理论，是解释企业行为的一种重要思路，它同时考虑了协作双方外在和内在期望在企业行为中的作用。心理契约包括协作双方对彼此的特权和义务持有的不成文的、大部分是非文字的一致期望和预设。在智慧物流生态中，心理契约反映的就是目标企业和合作伙伴在物流协作时对协作产生的内在和外在的需求和期望。而这种由心理契约所反映的内/外在需求和期望，往往会促进企业执行一些非制度要求下的行为，如非合同契约要求的知识共享行为。在智慧物流生态中，大量协作并不都是建立在制度要求（如合同制约）下的，更多地基于生态企业共建共赢的期望完成。因此，心理契约就是理解会激发企业进行知识共享并能形成相对一致的知识共享评价的重要因素。

虽然心理契约能在一定程度上实现企业在知识共享评价上的一致性，但并不是所有企业都可能遵循这样的心理契约机制去评判知识共享。在现实的智慧物流生态中，大多数企业都会建立自己的行为规则和价值观，从而保证自己在相关事项上的自由裁量权。也就是说，心理契约虽然能够帮助协作企业建立一定的外部行为规范，但企业自己的价值判断往往能决定这种行为规范的作用大小。因此，在考虑心理契约的作用时，就不能忽略企业自身价值导向的作用。例如，在智慧物流生态中，大量新兴业务和模式的出现，会使生态中的企业树立特定的价值导向，如创业导向。创业导向反映的是企业的一种战略导向，即聚焦于创新性、主动性和冒险性，其为阐述企业的行为规范和价值观提供了相关视角。创业导向不仅影响了企业对知识的判断，也会影响其对外部规范的判断，而这也表明，它将是企业评价知识共享的一种重要的价值边界。

6.1 智慧物流生态中的回顾性和前瞻性知识共享

根据有限理性假设，企业在进行知识共享决策时，可能会基于前瞻性决策和回顾性决策两种决策方法。也就是说，在智慧物流生态中，企业有可能会根据经验对知识共享进行评价，即采用回顾性决策。这种决策模式允许从以前的操作中进行渐进的试错学习。例如，有些企业可能会因为以前合作伙伴在知识共享中的投机性行为，而对知识共享采取保守评价，而有些则会因为从以前的知识共享中获益良多而采取更积极的评价。同时，有些企业可能会因为关注参与共享行为的预期和可能的结果来评价知识共享，即做前瞻性决策。前瞻性决策是基于对未来的认知，对可能的收益和可能的损失进行比较，再对未来进行分析判断（Chen et al.，2018）。例如，有些企业会看到知识共享在整个智慧物流生态中的作用和价值增长的趋势，而对其有积极评价。但在实际操作中，两种决策方法都有缺点。例如，回顾性决策关注短期反馈而忽略长期发展，从而会造成企业决策评价上的短视。而前瞻性决策可能造成企业对未来发展不准确、有偏见的认知风险，从而降低决策评价的合理性。因此，很多企业在做知识共享的决策评价时，往往是两种决策方法混合使用的，从而规避单一方法的局限性。

智慧物流生态中的知识共享对很多生态企业来说，是一种前期投资大、周期长、回报慢的投资活动。也就是说，为了实现知识共享，企业需要先在技术标准和业务标准上进行大量投资，从而保证能与生态中的合作伙伴实现标准一致。这需要一定数量的物质和智力投入来支持其复杂的程序，如各类标准的外部化、内部化、组合和社会化。而这种前期投入并不能立即产生回报，甚至会产生一定的风险，如共享知识的不当使用。但从长期来看，当企业间形成一定的共同认知和规范后，共享知识将对提升整个生态的效率和价值产生深远的影响。在这个背景下，无论回顾性决策还是前瞻性决策都可以基于心理契约来解释企业间知识共享评价的一致性问题。

6.2　智慧物流生态中心理契约对知识共享的影响

与其他企业活动类似，知识共享也有与其潜在利益相关的成本和风险。在智慧物流生态中，由于企业的角色和业务差异，其在智能运输、智能仓储、智能配送、智能包装、智能装卸、智能信息处理等方面会存在知识差距。这种知识差距要求企业在知识的获取、转化和应用上做出额外的努力。如果合作双方对彼此在特定领域的知识缺乏了解，这会导致低水平的共享沟通和准则，从而破坏知识共享的效果。除了成本之外，当专有知识共享给合作伙伴后，将会使分享企业在一定程度上面临知识泄露的风险。事实上，企业间的合作不是一对一的，目标企业的合作伙伴很可能也是其竞争对手的合作伙伴。因此，当目标企业分享知识给合作伙伴后，合作伙伴有可能将这个知识转移给竞争对手，或者利用这个知识来提升其与竞争对手的协作效率。因此，企业往往会基于回顾性和前瞻性来权衡收益和成本，这就会导致企业和合作伙伴在知识共享的评价上出现不一致的情况。

心理契约是指协作双方对相互责任的期望的内在心理联系，反映的是协作双方对彼此的一系列相互期望（Kim and Moon，2019）。同时，心理契约由合作双方对彼此的特权和义务持有的不成文的、大部分非语言化的信念组成。在智慧物流生态中，所有生态中的企业对分享的关于物流的智能感知、智能决策、智能执行的知识都会存在一些期望，并对彼此在这种分享中的权利和义务形成了不成文的信念。也就是企业对知识共享中的成本分担、风险防范都有着潜在的信念。虽然大多数企业对这些期望、信念只有一些模糊的意识，但在实际的知识共享中，这些期望和信念却支配着这些企业彼此之间的关系，是双方隐形的承诺和义务，包括对方有义务提供什么以及对方履行这些义务的情况。

在智慧物流生态中，心理契约对企业间知识共享评价一致性的影响主要体现在以下方面。首先，心理契约准确地捕捉了合作伙伴与目标企业在物流合作中的需求和期望，这构成了分享知识的动机。也就是说，在智慧物流生态中，企业都期望能在基于物联网、云计算等先进物流技术构建的平台运营中心上，实现跨部门、跨行业、跨企业的生产、流通、消费无缝对接，实现生态价值的统一和物流一体化高效运作。这些需求和期望有些可以通过合约来执行，但更多的并不能完全实现制度化约定。心理契约可以解决那些内在的、难以在正式合同条款中明确的特定期望，而这可以保证那些非制度要求的知识共享仍然能够因为隐性期望而得以实现。同时，也能保证目标企业和合作伙伴因为这些共同期望，而形成一致的知识共享评价。

其次，心理契约会分别以心理契约履行和心理契约义务两种形式来发挥作用（Kim and Moon，2019）。心理契约履行反映了回顾性决策逻辑，体现在合作双方对彼此已经履行的承诺的认知评价上。在智慧物流生态中，心理契约履行是企业评判知识共享的重要参考。一方面，只有当企业的期望得到满足时，它们才会觉得自己获得了利益，从而使它们倾向于在互惠的准则上评价知识共享。例如，当企业对智能感知、智能决策、智能执行等有较高的期望时，如果合作伙伴能够通过知识共享来促进这些方面的发展，企业就会直接认可合作伙伴的知识共享行为，从而会容易与合作伙伴在知识共享上形成一致性评价。另一方面，由于心理契约的自愿性和默示性，心理契约履行表明了目标企业对其合作伙伴的诚信和善意。它增强了合作伙伴在智慧物流生态中分享知识的信心，因为合作伙伴可以相信目标企业愿意遵守未记录和未强制执行的承诺。因此，心理契约履行能够促进智慧物流生态中企业间的知识共享评价的一致性。

另外，心理契约义务对智慧物流生态中的知识共享评价一致性也有促进作用。心理契约义务是指一方对基于另一方所传达的感知承诺而有权获得某种事物的信念。它反映了前瞻性决策逻辑，强调对未来可能获得的潜在利益的预期。具体而言，合作伙伴对知识共享的评价，是建立在该企业的投入能取得目标企业未来有益行为的基础之上的。例如，合作伙伴努力实现了自己物流信息的透明化、公开化。他们的心理契约义务水平会决定他们对目标企业未来回报的预期水平，即他们希望目标企业也能做到这样的信息透明化和公开化，并能基于这种透明化和公开化实现最优决策、最优布局，帮助各单元实现高质量、高效率、低成本的分工、协同。同时，心理契约义务也是一种自我调节机制，因此可以解释知识共享的内在和自我激励特征。在心理契约义务的框架内，合作伙伴是自我激励的，并愿意根据自己的判断和价值观分享知识。因此，心理契约义务能在一定程度上帮助合作伙伴和目标企业形成较为一致的知识共享评价。

6.3 智慧物流生态中创业导向对知识共享评价一致性的调节机制

智慧物流生态的建设反映的是物流与数字技术的深度融合，其中包括了大量新技术、新模式、新业态。这也意味着，参与智慧物流生态共建的企业会比较看重创新，从而具有一定的创业导向。创业导向反映了企业在解决问题与响应环境变化时，能自主行动，具备创新和承担风险的态度。它是一种强调发现和利用机会的企业战略取向，被广泛认为是获取竞争优势的必要条件。也就是说，具有创业导向的企业在面对市场机会时，会积极应战，超前行动。这种价值导向，会影响企业处理信息和对环境做出反应的方式，如对知识共享的反应和评价（Cai et al.，2013）。因为创业导向内在塑造了企业的规范和价值观，它会决定企业发现和利用机会的意愿，从而影响企业会基于过去还是未来做出决策（Engelen et al.，2015）。因此，在智慧物流生态中，企业的创业导向会在一定程度上影响到回顾性或前瞻性知识共享决策的作用。

在智慧物流生态中，创业导向水平高的企业对各类市场机会高度积极主动，对未来的问题、需求或变化有所预见，从而对抓住潜在的机会更有远见。它们的目标是通过引进新产品、技术和管理来改变商业环境。也就是说，具有高创业导向的企业会倾向于在决策中采用前瞻性方法。它们会基于生态协同共享的理念，打破企业间固有的时空边界和信息不对称，从而实现物流生态中闲置资源的充分利用。例如，通过数字技术和算法来实现车货匹配、仓货匹配，改变传统物流的业务模式，从而将自身变为行业中的领导者，而不是跟随者。相比之下，创业导向水平低的企业则会更愿意遵循既有的模式，着眼于已有的经验和规则进行增量调整以应对市场变化。它们在决策过程中就会表现出明显的回顾性特征。也就是说，它们更多地基于现有的市场规律、已有的市场经验来判断。

上述两种机制会对心理契约在知识共享评价一致性中的作用产生明显的约束作用。具体而言，智慧物流生态中，心理契约履行反映了合作伙伴更关注已经获得的期望利益。但对于高创业导向的企业而言，其更关注未来的发展，较少依赖先前的经验。这就使心理契约履行所激发的回顾性决策并不是其所推崇的，从而使心理契约履行在推动高创业导向企业的知识共享评价一致性上的作用变得非常有限（Cai et al.，2013）。但对于低创业导向企业来说，心理契约履行则是一个重要的帮助其实现与合作伙伴知识共享评价一致性的因素。

相比心理契约履行，心理契约义务则主要利用预期收益来激励知识共享（Kim and Moon，2019；Malhotra et al.，2005）。这种前瞻性的决策方法非常符合创业导向的原则。在智慧物流生态中，创业导向高的企业在决策时往往更看重未来的业务发展和市场机遇，也更愿意从前瞻性角度去进行决策。在这种情况下，当企业具有高创业导向时，其心理契约义务与创业导向的契合会强化心理契约义务对知识共享评价一致性的影响，因为这些企业更愿意基于预期回报来评价知识共享（Pereira and Mohiya，2021）。相应地，如果企业的创业导向比较低，它们会更倾向于经验，而不是未来的预期回报，这就会制约心理契约义务在企业形成知识共享评价一致性中的作用。

综上，在智慧物流生态中，由于要实现智能运输、智能仓储、智能配送、智能包装、智能装卸、智能信息处理，知识共享成为生态良性发展的根本。虽然智慧物流生态依赖于技术与业务，但单纯的技术和业务标准的统一，并不能有效实现知识共享，更不能帮助企业形成统一的知识共享评价。考虑到智慧物流生态中存在大量的基于信任的非制度或合同约束的协作，心理契约能有效地帮助弥补制度或合同无法约束的方面，更有助于推进生态企业间对知识共享形成一致性评价。但同时，企业自身的价值观，特别是创业导向，会影响到企业对相关利益和期望的判断，这又会在一定程度上制约心理契约的作用。

第 7 章　智慧物流生态中的数字化能力与组织敏捷性

物流行业涉及的上下游产业链庞大且复杂，而在市场竞争日益激烈、市场环境复杂多变、市场需求时刻变化的情况下，单靠一家企业的力量难以满足竞争需要，而生态协同发展才是根本的解决方法。协同开放共享的智慧物流生态可以帮助企业不断对自身的敏捷性进行评估和提升，有效感知和快速响应市场变化，以充分发挥智慧物流生态的支撑作用和持续创造生态价值（Cai et al.，2019；Queiroz et al.，2018；Sodhi and Tang，2021）。例如，日日顺物流长期致力于大件物流市场的发展与开拓，通过与用户的不断交互以及快速进行数字化转型，实现了新一代信息技术与物流的紧密融合，成功搭建起一个开放的标准化和智能化的大件物流服务平台，最终打造了以用户需求为核心的智慧物流生态系统，能够有效感知和快速响应生态系统中的物流需求变化。而在经济学人智库进行的问卷调查指出，绝大多数的高层管理者（88%）将组织敏捷性视为获取全球战略成功的关键。而学者普遍认为，组织敏捷性对企业的竞争行为、创新行为、财务绩效、运营绩效和市场绩效等具有显著的提升作用。作为企业迅速和有效地应对市场变化的能力，智慧物流生态中的组织敏捷性也开始引起极大关注。

关于组织敏捷性，学者已经提出了诸多影响因素，如 IT 能力、企业 IT 采纳、IT 人员能力等（Ravichandran，2018；Zhou et al.，2018）。但在智慧物流生态场景下，随着组织敏捷性复杂性的提升，其构建面临着一些新的挑战。首先，智慧物流生态是以信息化为依托并广泛应用物联网、人工智能、大数据、云计算等数字基础构建的一个系统感知和数据采集的现代综合智能型系统。这反映了生态的构建依赖于数字技术，而数字技术也已成为整个生态协同，以及快速应对市场变化的基础。这就意味着我们需要重新考虑智慧物流生态中企业的数字技术能力对组织敏捷性构建过程的作用。对于智慧物流生态中的企业，组织敏捷性是一种知识密集型能力，需要其对生态中的知识资源有良好的调动和配给的能力。但这种知识的管理能力是无法脱离企业的数字技术能力来实现的。也就是说，企业如果想有效利用数字技术构建自己的组织敏捷能力，就需要先利用数字技术去提升自身知识获取和应用的能力，这才能保证它可以利用数字技术从智慧物流生态中调配资源来应对外部变化。

另外，智慧物流生态的根本是企业的协同合作开放，这意味着企业在构建组织敏捷能力时，不仅依赖自身的资源和能力，还能借助协同网络来获取外部的资源和帮助。在智慧物流生态中，企业可以通过互联网技术将整个价值链上的制造、采购、电子商务、配送、仓储等物流环节联系起来。因此，流程合作是企业获取外部知识的重要来源，通过合作获取的资源与帮助有效地支持了企业组织敏捷性的构建。智慧物流生态的构建将消除跨部门、跨行业、跨企业之间的信息沟通障碍，但消除的前提是生态企业需要加快包括条形码、RFID 等物联网、大数据和云计算等数字技术的部署，从而保证物流业务流程的标准化管理，促进不同信息系统之间的对接与信息的交换（Ravichandran，2018；Wielgos et al.，2021）。因此，数字化能力将会发挥重要的作用。智慧物流生态中的企业需要进一步理解物流合作与组织敏捷性的关系，以及数字化能力对这段关系的调节作用。

7.1　智慧物流生态中的组织敏捷性

7.1.1　组织敏捷性的内涵

组织敏捷性的概念最早源于有关制造型企业运营管理的研究，主要反映企业对于外部动荡环境的适应程度。组织敏捷性指的是一种企业范围内的能力，这种能力能够帮助企业有效地应对外部环境中意外出现的变化，并通过创造性的回应，将这种变化转化为让企业蓬勃发展的商业机遇（高沛然和李明，2017）。组织敏捷性具有两个重要特点，即快速性与创新性。快速性反映了时间维度，它是组织敏捷性的最基本要求；创新性关注内容维度，它强调企业对市场的反应，需要包含各个方面的创新因素，如产品创新、服务创新、流程创新和内容创新。对于智慧物流生态中的企业，因为数字技术的深度嵌入，业务的范围、速度和形式的变化非常大，这就要求企业既要能快速觉察外部变化，又能借助数字技术创新性地应对变化，这样才能保证组织敏捷（Lee et al.，2015；Teece et al.，2016）。

同时，组织敏捷性包含了企业两个方面的能力。一方面是探索式能力，具体表现为企业为了获得新的竞争优势、打破行业格局而进行的创新举动，如开发新物流产品/服务、商业模式等（Liang et al.，2022）。另一方面是利用式能力，具体表现为企业对外界环境（如制度环境、客户偏好和竞争动态等）变化所带来的调整或威胁的应对能力（Liang et al.，2022）。对于智慧物流生态中的企业，这就意味着其需要既能利用物联网、人工智能、大数据、云计算等数字技术来提升现有的运输、仓储、包装、装卸搬运、流通加工、配送、信息服务等环节的效率，来保证企业应对外部威胁的能力，又能利用这些技术实现业务创新，如基于供应链平台、物流管理平台、物流电商平台、客户服务平台来推进智能运输、智能仓储、智能配送、智能包装、智能装卸、智能信息处理等（池毛毛等，2017）。

另外，组织敏捷性还包含两个重要流程，即感知流程与回应流程。感知流程强调企业对市场的判断和预测，包括对客户偏好的捕捉、对竞争者行为的预知、对行业发展趋势的预估和对公司的进展掌控等；回应流程则强调企业的执行能力，即基于市场情报所做出的应对方案，以及对于方案的落实情况，如对突发需求、突发路线调整等的应对方案及执行能力（Sheng et al.，2021；Zhang et al.，2022b）。对于智慧物流生态中的企业，生态中的智能功能体系所包括的智能感知、智能决策、智能执行三大模块保证了企业能很好地执行感知流程和回应流程。生态会因为物联网、大数据、云计算和人工智能等先进技术的广泛应用，使每个企业都可以在整个生态系统的支撑下实时收集并处理信息，做出最优决策、实现最优布局，生态中的各组成单元能实现高质量、高效率、低成本的分工与协同。

作为一种新型的物流组织管理形态，智慧物流生态企业必须保证组织敏捷性才能实现竞争优势。由于外部市场瞬息万变，智慧物流生态中的企业很难通过既有的物流产品或服务满足客户或消费者层出不穷的需求。而针对客户需求的变化，快速、准确地推出新的物流产品或服务，则能够帮助智慧物流生态中的企业取得竞争优势。事实上，智慧物流生态中的组织敏捷性被广泛认为是企业的一种高层次能力，这种能力能够在很长的一段时间内，通过高效地应对客户需求来持续提升企业绩效（Liang et al.，2022；Tan et al.，2019）。组织敏捷性促进了企业资源（如资产、知识和关系等）的整合与配置。例如，智慧物流生态中的组织敏捷性能够帮助企业根据现有的资源制订灵活的、可执行的物流计划，从而在市场发生变化的时候，能够让企业扩大或者缩小仓储或运输规模，以适应市场需求。智慧物流生态中的组织敏捷性还能够帮助企业敏锐地捕捉市场的变化，通过对未来市场趋势的分析与预测，明确改进现有物流产品或服务的方向，以更好地满足客户需求。组织敏捷性对公司绩效的促进作用得到了学术界的广泛研究，学者广泛认同它对公司发展的益处，认为其能够有效地提高企业的财务绩效、运营绩效和市场绩效（Aslam et al.，2018；Felipe et al.，2020；Wielgos et al.，2021）。

7.1.2　组织敏捷性的分类

随着组织敏捷性研究的发展，人们发现它并不是一个单维的概念，而是具有明显的多维属性。因此，学术界对其进行了多种分类。例如，有学者将其分为创业性敏捷性和适应性敏捷性（Cai et al.，2019）。前者指的是企业主动地预测并抓住市场机遇，从而改变其战略定位，重组其业务流程，在变化的商业环境中占取先机的能力；后者指的是企业以防御性的方式探测并回应市场动荡的能力，如保护自身利益和顺应市场变化等。在智慧物流生态中，以上的组织敏捷性分类同样适用。例如，创业性敏捷性反映在智慧物流生态中，企业能通过主动地预测并抓住市场中的业务机会，改变其物流战略定位，重组其物流业务流程，从而抢占先机。而适应性敏捷性可以反映智慧物流生态中，企业以保守方式来回应物流市场的变化，并保护资金的利益。

现有的影响比较大的组织敏捷性分类，是将组织敏捷性分为运作调节敏捷性与市场利用敏捷性（Cai et al.，2019；Mao et al.，2020）。运作调节敏捷性是指企业通过调整内部生产运作和业务流程，以适应外界变化的能力。这种敏捷性是内部导向的，它更加关注运营流程的整合，为企业的创新提供基础支撑，并为将企业的创新思想实施到产品和服务中提供底层支持。而市场利用敏捷性则与之不同，它是指企业根据当前客户的喜好和需求，快速开发和改进产品或服务的能力。它被视为企业的外部导向敏捷性，需要企业通过对市场状态的持续监控以及与消费者的密切沟通来达成。在智慧物流生态场景中，这一分类能体现出智慧物流生态的企业在应对生态中市场变化时的准备情况。这种分类方法从敏捷性的特点出发，既涵盖了敏捷胜任力、灵活性、快速性和反应性的基本特质，又按照内外部导向的视角对其进行了区分。这两个类别有利于克服敏捷性这个概念作为智慧物流生态中的企业效率度量标准的矛盾性。运作调节敏捷性涉及企业生产、运营和日常管理等部门，而市场利用敏捷性则涉及销售和市场等部门。由于一个企业在不同部门的资源配置有所差异，不同部门的业务表现也不尽相同。作为智慧物流生态中的一家敏捷的企业，需要同时处理好稳定性和灵活性两个相对矛盾的目标，因为离开稳定性的灵活性将会造成混乱。另外，智慧物流生态中高敏捷性的企业既需要快速地针对市场机会采取行动，又要在实际运营中节省开支以保证财务利润，这种相对不协调的目标会给企业管理造成困难。

所以，在智慧物流生态中，将组织敏捷性分为运作调节敏捷性与市场利用敏捷性有利于解决上述问题。一方面，运作调节敏捷性主要与内部职能部门相关；它关注智慧物流生态中的企业的稳定性，即如何为企业的快速反应提供切实可行的底层保障；它重视智慧物流生态中的企业在运营中的效率，并强调对运营开支的精简，促进财务绩效的达成。另一方面，市场利用敏捷性主要关系到智慧物流生态中的企业的涉外部门；这种敏捷性要求企业迅速对生态和市场变化做出反应，保证了企业的灵活性；它还强调智慧物流生态中的企业应主动而快速地把握市场变化带来的机遇，体现了智慧物流生态中的组织敏捷性的核心要求。

7.1.3 组织敏捷性的影响因素

鉴于组织敏捷性的重要性，越来越多的学者致力于探讨如何提升组织敏捷性，提出了众多有关影响组织敏捷性发展的重要前因，从而形成了不同的观点

（Aslam et al.，2018；Mao et al.，2020；Rozak et al.，2021；Sheng et al.，2021）。一种观点是基于企业能力构建的视角，将提升组织敏捷性视为构建企业能力的过程。这种观点普遍认为由于企业 IT 能力能够帮助创造数字期权，保证企业内部流程和知识的丰富度与延展度，从而可以提升组织敏捷性。基于 IT 能力的属性，学者将 IT 能力分为 IT 基础设施能力、IT 商业活动能力和 IT 预见能力，并提出这三种能力与企业的 IT 投资将产生差异化交互作用，从而能共同促进企业快速和创新地应对难以预测的市场变化。还有一种观点将环境不确定性纳入考虑范畴，并探寻了 IT 能力对组织敏捷性的不同作用，即在不同的环境动态中，IT 能力对组织敏捷性的提升作用会产生差异性变化。另外，还有一些研究探究了企业 IT 采纳程度、IT 人员的业务能力、行为能力和技术能力，以及战略 IT 联合等都会对组织敏捷性产生重要影响。图 7.1 提供了组织敏捷性的影响因素概览。

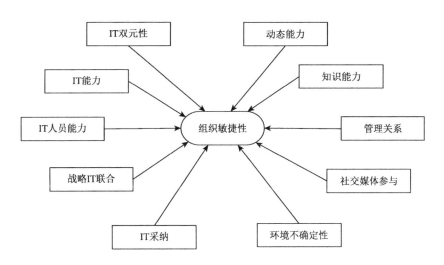

图 7.1　组织敏捷性的影响因素概览

上述有关组织敏捷性的前因的观点对理解智慧物流生态中的组织敏捷性构建提供了重要的理论和知识来源。然而，目前关于如何提升智慧物流生态中的组织敏捷性还存在以下尚未解决的问题。首先，虽然大量研究证实了企业 IT 能力对其组织敏捷性构建的支撑作用，但因为智慧生态物流中新兴的大数据、云计算、人工智能、区块链等数字技术应用得更多，在一个信息物理系统中，将物联网与互联网打通，从而形成横向集成、纵向集成与端到端集成，这在一定程度上突破了传统 IT 能力的涵盖范围（Rozak et al.，2021；Wielgos et al.，2021）。同时，关于数字化能力与组织敏捷性的关系也未有定论。这主要是因为数字技术本身存在两面性，一方面数字技术是能够提升工作效率、降低运营成本的重要工具；另一方

面，数字技术带来的安全、隐私等方面的问题对企业的管理能力以及员工的业务
能力都提出了更高的要求。例如，与企业业务流程匹配得不好的数字技术，会让
物流业务开展的过程变得更加烦琐，让数字技术成为员工开展工作的负担；同时，
分布在不同分公司的信息系统如果得不到有效的整合，将会让它们各自为政，浪
费数字化投资。这些数字技术的负面影响将会导致企业对外界变化反应迟钝，进
而影响企业绩效。同时，数字技术的价值在于应用，其作用的良好发挥离不开员
工的有力支持和正确运用。新兴数字技术在应用过程中，可能由于业务流程、组
织氛围和企业文化等诸多因素的影响，未被员工熟练利用，从而影响其作用的发
挥。这些因素可能会让一些企业面临因为使用新兴数字技术反而降低组织敏捷性
的潜在风险。因此，要想了解智慧物流生态中企业的组织敏捷性构建机制，就需
要加深了解企业数字化能力在其中的作用，这既有助于更好地发挥数字化能力对
组织敏捷性的促进作用，也能帮助企业更有效地规避因为数字技术应用而对组织
敏捷性可能造成的负面影响（Rozak et al.，2021；Wielgos et al.，2021）。

　　其次，智慧物流生态本身是通过物联网、云计算等先进数字技术构建的智慧
云平台，支持了跨部门、跨行业、跨企业在生产、流通、消费上的无缝对接，从
而实现一体化高效运作（池毛毛等，2017）。这使得生态中的企业的内外部网络连
接的广度和深度都与传统企业有显著差异，从而也要求重新思考企业外部联系对
生态中的组织敏捷性的作用。具体而言，智慧物流生态中的企业的组织敏捷性不
仅关注企业内部运营流程的迅捷反应与调整，还强调其对外界的感知，并与合作
伙伴协作，共同应对市场的变化。目前的研究大多强调智慧物流生态中的企业内
部能力的作用，对于企业外部能力的研究尚处于起步阶段。相关学者在原有数字
化能力研究的基础上，提出数字化作为协助企业间合作的平台，对于合作伙伴共
同应对市场变化起到重要的推动作用（宋华，2020）。此外，学者也探究了跨组织
的业务活动（如供应链合作、协同和交流等）对智慧物流生态中的敏捷性的影响。
这些研究都从侧面反映了智慧物流生态中的企业在提升敏捷性的过程中与外界保
持密切交流合作的重要性，但仅仅停留在智慧物流生态中的企业的合作行为上，
没有对这种合作的深层次原因进行探讨。这使智慧物流生态中的敏捷性前因的理
解仍然停留在具体的业务活动上，而没有专注到底层的影响机制。

　　最后，智慧物流生态的开放性、协同性等特点，使企业组织敏捷性的构建过
程会有一定的边界条件制约，而关于这方面的讨论还是相对不足的（Liang et al.，
2017；Wielgos et al.，2021）。事实上，对于组织敏捷性构建的边界条件，已经存
在了一些讨论。例如，有学者指出了 IT 投资的边界调节作用，并证实 IT 能力对
组织敏捷性的促进作用会在高 IT 投资的情境下得到显著增强。另外，IT 灵活性
对 IT 联合水平具有补充作用，即当 IT 灵活性较高时，IT 联合水平对组织敏捷性
的促进作用变大。但还少有学者对智慧物流生态中可能存在的组织敏捷性构建的

边界条件进行讨论。而智慧物流生态的发展本身会受到经济、社会和技术条件的制约。例如，在经济方面，电商经济和平台经济等发展催生出的新经济模式和业态，既带动了物流的快速发展，也带来了物流服务需求碎片化和配送去中心化的新挑战。而在社会环境下，国家对物流重视度的不断提高，以及数字和交通基础设施的不断完善，都为物流发展提供了良好的社会条件。工业化、城镇化的发展，也进一步催生了新的物流需求。由于智慧物流生态中的组织敏捷性与这些外部环境有着重要关系，讨论外部环境的约束作用显得十分必要。

7.2　数字化能力赋能的智慧物流生态组织敏捷性构建

智慧物流生态中的组织敏捷性是保证企业竞争、生态健康发展的重要因素，探讨组织敏捷性构建就是一个非常必要的话题。如前所述，智慧物流生态的构建是依赖各类数字技术的，其本质上是以数字技术为核心，以运输、配送、装卸搬运、仓储信息化、库存控制、包装等专业技术为支撑而运转的。因此，企业数字化能力被广泛认为是提升智慧物流生态中的组织敏捷性的重要前因。在智慧物流生态中，数字化能力对组织敏捷性的提升作用主要表现在加速物流信息处理、控制物流业务流程和创造数字化价值等方面（高沛然和李明，2017）。然而，对于数字化能力对智慧物流生态中的组织敏捷性的影响，人们还存在一些争议性的观点。一些观点认为，数字化能力可能会产生迟滞以及一些意料之外的障碍，阻碍企业依托智慧物流生态构建组织敏捷性。例如，复杂的数字技术的应用、海量的数据采集有可能导致企业决策者的信息过载，使企业在理解智慧物流生态运营和市场变化时产生一定的困难，从而难以迅速地对生态中的市场变化进行回应。另外，紧密整合的信息系统也容易降低灵活性，因为这种系统通常需要巨大的运维费用，并且在系统升级和重新匹配方面面临较大的困难。这些不同观点表明，对于数字化能力对智慧物流生态中的组织敏捷性的影响并不能简单化地理解（宋华，2020）。

智慧物流生态中，企业数字化能力和其组织敏捷性的关系的争议主要可能是大家还缺乏对构建敏捷性中介机制的探索。按照能力构建理论，一个复杂能力往往是一系列资源的整合，并经过一些简单能力的转换才能构建。也就是说，能力构建本质上反映的是企业正确调配、整合和重构内外部能力、资源和功能的过程。企业能力可以分为多个等级，每个等级的能力是由其整合专业知识的范围所决定的。高阶能力包含从各个职能部门整合的较大范围的知识，而低阶能力则关注某个具体职能的知识。智慧物流生态中的组织敏捷性作为一种知识密集型能力，是通过生态中的企业合理配置专业知识而得到发展的，它被认为是一种高阶能力。数字化能力则是一种低阶能力，它依托于数字技术，提供数字化的平台来整合知识，从而提升智慧物流生态中的组织敏捷性（Aslam et al.，2018）。然而，仅仅拥有数字化能力是不够的,因为生态中的企业所积累的一些专业知识(如运输、仓储、包装、装卸搬运、流通加工、配送、信息服务中的知识),很多是非结构化的,无法显性体现在系统或企业文件中。这些知识普遍以非结构化、隐性形式反映在员工的经验、技巧等方面,需要一个管理机制去加以调动、整合并利用。而在智慧物流生态企业中,员工的自由流动是相对普遍和频繁的,这就使企业能力的构建更取决于其是否拥有有效的管理知识的机制,而不是简单地拥有多少专业员工。因此,能够配置知识资源的企业能力是连接数字化能力和智慧物流生态中的组织敏捷性的桥梁。知识管理能力作为一种能够调动和配置知识资源的企业能力,可以在数字化能力和组织敏捷性的关系中起到中介作用。一方面,知识管理活动的效率在一系列数字化工具(如视频会议、即时通信和企业社交网络等)的支持下得到了提升;另一方面,知识管理能力能够为知识密集型的企业能力的构建提供智力支持(Ravichandran,2018;Tan et al.,2019)。

此外,在探讨如何提升智慧物流生态中的组织敏捷性时,需要将边界条件(如数字化投资、信息系统整合和环境变量等)考虑在内。这些因素能够对数字化能力、知识管理能力作用的发挥起到补充作用,因此需要受到更多重视。如前所述,组织敏捷性的构建离不开对企业员工专有知识的管理和调用,这就在一定程度上体现了人力资源管理的重要性。人力资源管理被认为是有效调动员工积极性,从而促使他们更好地利用自身知识来帮助提升企业能力的保障。而人力资源管理中,组织文化或组织价值观的构建,如激发或促进良性的组织氛围,是其主要的管理内容。组织氛围往往能够影响员工行为,进而影响数字化能力和知识管理能力价值创造。事实上,营造一个良好的组织氛围能够提升非正式交流的效果。例如,员工在创新氛围的引导下,更愿意进行开放式交流、提出新想法、分享新观点。然而,在智慧物流生态的讨论中,往往重视技术或流程的讨论,对组织氛围可能发挥的作用缺乏必要的讨论,从而对组织氛围在组织敏捷性构建中可能存在的作用并没有深入了解和认识(Ravichandran,2018)。

7.3　智慧物流生态中知识管理能力的中介作用

在智慧物流生态背景下,数字化能力指的是企业能够高效利用数字化资源支持商业战略和工作流程的能力。随着数字技术的普及,企业通过采用标准化、同质化的信息系统来追赶行业内数字化标杆企业已变得越来越容易。无人搬运车(automated guided vehicle,AGV)、机器人与自动化分拣、可穿戴设备、无人驾驶叉车、货物识别、智能穿梭车、通信设备、监控系统和计算机控制系统等诸多技术已经成为各类生态企业的标准配置。因此,对于智慧物流生态中的企业来说,卓越的数字化能力水平所带来的竞争优势正在逐步减少。数字化能力不再是企业的稀缺能力，它对于构建企业能力和创造竞争优势的作用需要结合其他能力来实现（Wielgos et al.，2021）。现有的大量学术发现也为这个观点提供了佐证。例如，有些研究发现数字化能力需要结合企业的吸收能力才能够帮助企业在供应链中实现组织敏捷性；而有些研究则提出只有构建了合理的外部资源管理机制，数字化能力才能通过提升竞争能力来提升企业竞争绩效。这些观点有助于我们理解智慧物流生态中的组织敏捷性构建，但同时我们还需要了解在智慧物流生态中数字化能力和组织敏捷性间可能存在的特殊关系。具体而言，一是组织敏捷性自身在智慧物流生态中存在更为明显的矛盾。一方面，组织敏捷性要求企业高效地对生态和市场进行回应，包括迅速而有效地执行决策；另一方面，组织敏捷性还要求企业能够投入足够的资源，准确地对生态和市场进行判断，抓住市场机会。但考虑到智慧物流生态中很多数字技术或流程在感知和应对方面进行了较为专业和严格的界定和区分，往往需要企业进行不同的投资。考虑到企业资源的有限性，其在平衡这两方面的要求时会存在比较大的冲突。即在有限资源下，企业可能只能侧重一方，如投资感知型数字技术后，企业在投资决策或执行型数字技术上就有困难。二是技术的双重性，这是指数字化可能同时促进和抑制员工的工作行为。使用数字技术一方面会帮助员工更好地操作或管理相关的物流业务，但同时，数字技术的专业化程度越来越高，对员工的能力要求也越来越高。同时，数字技术或系统间的强关联性使某个点或某个员工的错误在整个生态中被无限传播和放大，从而为生态带来更大的不确定性和风险。三是数字技术使用者的不确定性。数字技术在与其使用者的交互过程中，会被不断改变和重塑，最后可能导致意料之外的结果，并降低智慧物流生态中企业的效率。另外，数字技术使用者的消极反应（如拒绝使用新的数字化工具等）将会阻碍智慧物流生态中的组织敏捷性的提升。

基于以上讨论，知识管理能力将有可能帮助企业解决以上挑战，从而帮助其更好地利用数字化能力提升组织敏捷性。知识管理能力是指智慧物流生态中的企业在各职能部门之间调动和配置知识资源的能力。基于企业能力理论的视角，知识管理能力是管理知识资源，既包括企业在运输、仓储、包装、装卸搬运、流通加工、配送、信息服务等方面形成的流程、制度和规范，也包括员工在执行这些任务时所形成的经验、技巧等有效机制。智慧物流生态中的知识管理能力从创新、协作和反应度等方面提升企业效率。它既对跨职能部门的协同有重要作用，也对供应链管理、供应商关系管理、业务流程外包等方面有着积极作用（Chakravarty et al.，2013；Tan et al.，2019）。

数字化能力对知识管理能力的重要作用已经得到了广泛讨论，也得到了一定认同。数字化能力能够在一定程度上保证生态中的企业实现物流信息采集、信息系统对接、信息交换规范等方面的标准化，也能支持仓储、物流、配送等物流业务中物流技术标准的统一（Wielgos et al.，2021）。这在一定程度上可以帮助企业实现跨部门、跨行业、跨企业的标准化运作，推动智慧物流生态中的数据、信息和知识的标准化管理和运营。也就是说，智慧物流生态中的企业通过数字化能力可以构建内外部交流的数字化和一体化平台，使这种交流不受时间和地域的限制。例如，知识管理系统提供了一整套信息系统来实现正式的和结构化的知识管理活动。除了传统的信息系统以外，数字化能力还提供了最新的工具，通过促进员工间的非正式交流，为知识管理能力提供支持。社交软件（如企业社交网络和企业维基百科等）能够支持群体互动，以建立社群、创造和交换知识内容，进而推动知识管理能力的发展。

在智慧物流生态中，知识管理能力将是保证组织敏捷性构建的基础。但在市场利用敏捷性和运作调节敏捷性这两种组织敏捷性中，知识管理能力发挥的作用以及作用的形式是会有差异的（Gölgeci and Kuivalainen，2020；Tan et al.，2019）。具体而言，市场利用敏捷性反映了智慧物流生态中的企业面对生态中的市场变化能够快速回应，从而把握机会的能力。它要求生态中的企业既拥有最新的市场信息以快速反应，又拥有创新性思维模式以把握先机。知识管理能力能够让生态中的企业筛选和提炼关于外部市场的信息，保证其能够获取外部知识。它还能帮助企业克服信息过载的风险，提升决策效率。另外，知识管理能力帮助生态中的企业与合作伙伴建立合作机制，以促进企业间的知识交流，从而让智慧物流生态中的企业获得隐形的和稀有的知识。除了及时而充足的市场信息外，市场利用敏捷性还要求智慧物流生态中的企业拥有创新性思维模式，以把握先机，满足客户或消费者的需求。知识管理能力为生态中的企业员工提供了创造新知识的可能，使他们能够将这些知识用于提升产品和服务中，以适应市场变化。通过新老知识的整合，智慧物流生态中的企业能够获得更多的创新想法，从而采取主动而积极的战略应对生态中市场的不确定性。

另外，运作调节敏捷性关注以下方面，即智慧物流生态中的企业通过内部业务流程，将其创新的举措快速而高效地转化为产品或服务，以满足市场需求。这种敏捷性强调将创新的想法付诸实施。知识管理能力包含了对生态中企业获取和整合的知识资源的利用能力。通过这种能力，生态中的企业能够为这些创新想法拟定具体的生产计划和运作安排，以确保其有效地实施。此外，知识管理能力还支持知识的扩散，从而让员工学习到更多的创新技术和先进流程。在员工拥有这些技术以后，智慧物流生态中的企业制订的生产计划和运作安排能够得到有效的执行。

7.4　智慧物流生态中创新氛围的调节作用

组织氛围指的是组织成员对于组织活动、制度、流程和奖励等方面的共同感知（Cai et al.，2019）。相较于组织文化，组织氛围更为关注当前的影响，并对组织的运作起到更为显著的作用。组织氛围在塑造员工态度和行为方面起到了重要的作用。通过让员工理解什么样的行为会得到组织的接纳，组织氛围限定了在组织中受到欢迎的行为。组织氛围为员工间的互动和交流提供了动机上的支持。一个良好的组织氛围鼓励建立员工间的信任和好感，从而提升其合作行为和知识共享意愿。在不同的组织氛围中，创新氛围被认为是最能帮助企业应对当前数字化转型和生态竞争的氛围。创新氛围指的是企业员工对企业鼓励提出、引进和实现新想法的活动、流程和行为的共同感知。在创新氛围中，员工更加愿意提出新想法、挑战传统思维和从他人身上学习知识。而在智慧物流生态中，创新氛围对生态企业的能力构建将起到重要的促进作用。一方面，创新氛围作为智慧物流生态中的企业构建出来的一种内部环境，它能够为其他内部因素发挥作用提供一种很好的氛围支撑，从而加强其他因素对员工行为的影响效果。例如，有研究者对员工探索复杂系统的行为进行了研究，发现创新氛围能够促进工作主动性对系统探索行为的影响。而在智慧物流生态中的企业，由于面临大量的创新性运营和业务，创新氛围能够削弱员工对失败的恐惧，从而激发员工的创新行为。另一方面，企业知识管理行为的作用也会受到创新氛围的影响。员工利用知识的主动性往往不仅受其自身动机的推动，也会受到外部环境的影响。如果外部整体是鼓励知识共享和利用的，员工将会有更大的动力将知识利用到业务中，同时不用担心因为自己的应用而受到组织或同事的排斥。

综上，智慧物流生态中的企业较高水平的创新氛围能够让员工更加主动而积极地使用数字化工具来提高知识管理能力（Mao et al.，2020；Tan et al.，2019）。首先，创新氛围能够使员工重视使用各种先进工具来提升业务能力，从而能更积极地了解数字化能力的价值。尽管数字化能力能够提供一系列的集成化信息系统和其他的辅助软件来管理知识，但是智慧物流生态中的企业仍然很难高效地利用这些数字化工具创造价值。智慧物流生态中拥有创新氛围的企业能够鼓励创造性的想法，激励员工努力寻求替代途径完成任务。这种氛围表明企业支持员工探索数字化工具，寻找并尝试其中的新功能，且利用这些功能了解市场，并能用新方式处理市场的变化（Rozak et al.，2021）。因此，创新氛围能够显著提升数字化工具和业务流程之间的匹配程度，从而帮助生态中的企业利用数字化能力的协助来有效地应对市场中的各种变化和挑战。其次，创新氛围使员工积极接受新的技术。由于科技的不断革新，智慧物流生态中的企业需要不断采纳新的数字技术以跟上竞争者的步伐。而新的技术需要员工去学习，并改变其现状，这种需求通常遭到抵触。在较高水平的创新氛围下，员工对市场创新有一种开放的态度，并愿意适应新兴的科技和市场潮流。员工更容易接受新的技术，并学习新的管理知识的方法。因此，生态中的企业数字化能力对知识管理能力的影响会得到创新氛围的加强（Wielgos et al.，2021）。相反地，在较低水平的创新氛围下，员工会固守其工作流程，拒绝进行改变。智慧物流生态中的企业既不能有效地利用现有的数字化能力，也不能通过引进新的数字化工具来创造价值。在这种情况下，数字化能力与知识管理的关系将会被削弱。

企业知识管理能力为提升市场利用敏捷性提供了智力基础。创新氛围能够通过激励员工提出创新想法来强化这个作用过程。具体而言，在较高水平的创新氛围下，生态中的企业激励员工拥有自由式思维与开放式交流。员工能更积极地交换关于当下市场变化的知识，以帮助创新思想的提出，而这种多渠道知识的交流和整合有利于一些应对市场变化的创新想法的形成（Rozak et al.，2021）。但是，除非员工愿意将这些新想法贡献给企业，否则它们就很难产生价值。其中的障碍主要是，员工对于新想法背后蕴含的风险十分重视，他们担心提出新想法后，会遭到企业的冷落。而创新氛围反映了生态中的企业愿意尝试新想法的程度，它表明企业愿意接受并奖励新想法，并容忍这些新想法可能带来的市场风险与失败。因此，员工在尝试用新的想法改变现状时，他们会觉得自己是被整个企业保护的，不用担心可能带来的失败。这种创新氛围带来的心理安全感将会促使员工将新想法贡献给企业。因此，知识管理能力和市场利用敏捷性之间的关系将会得到增强。在创新氛围水平较低的情况下，员工满足于现状，而不愿意探寻新的方法来完成市场应对工作（Zhang et al.，2022b）。同时，智慧物流生态中的企业对创新行为也不甚支持，这也会降低员工将提升市场利用敏捷性的新想法贡献给企业的积极性。因此，在创新氛围水平较低的情况下，知识管理能力对于这种敏捷性的影响有限。

运作调节敏捷性也关注创新想法与决策的有效实施。尽管智慧物流生态中的企业知识管理能力帮助企业制订具体的运营计划，并提供支持计划执行的机制，但是管理者和员工在这个过程中起到的作用不容忽视（Shekarian et al.，2020；Wamba and Akter，2019）。管理者决定了执行创新的运营调节想法的可能性，因为他们拥有配置资源的权力。而员工是落实创新想法的基石，他们的态度决定了执行这些想法的效率。在创新氛围下，管理者倾向于跳出思维定势思考问题，并做出富有创见的决策，来变革已有的运营机制。他们将更多的注意力放在创新举措上，并为这些举措提供充足的资源。而员工在较高的创新氛围里将拥有开放性的思维，他们愿意去接受不同于传统的主张和做法，并且认同政策和日常工作的变化。在这种环境里，员工之间能够形成对于变化的共同期许，从而使创新方案在生态中的企业的各个层面得以有效实施（Liang et al.，2022）。综上所述，由于智慧物流生态中的企业创新氛围能够保证创新想法实施的可行性和高效性，增强了知识管理能力对运作调节敏捷性的积极影响。当生态中的企业创新氛围水平变得较弱时，管理者和员工都不愿意改变现状。不管创新计划多么完美，它也难以很好地贯彻执行，难以创造价值。智慧物流生态中的企业知识管理能力的价值也会因此缩减。

　　综上所述，对数字化能力赋能的智慧物流生态组织敏捷性构建机制的讨论将有助于智慧物流生态的建设以及生态中企业的发展。首先，生态中的企业管理者应该重视企业的内部能力在提升组织敏捷性中的作用。作为一种高阶能力，组织敏捷性不能是空中楼阁，它需要内部的诸多能力的协同与支持。一方面，生态中的企业管理者应该意识到，数字化能力在提升生态中的组织敏捷性的过程中依然起着不可替代的重要作用（Wielgos et al.，2021）。尽管随着时代的进步，数字化能力已经不是生态中的企业能够克敌制胜的法宝，但其基础作用仍然不容忽视。因此，生态中的企业管理者应该坚持在数字化方面的投入和预算，不应当因为其产生的直接效益不明显，就削减开支，这样容易造成其他的能力失去底层支撑，从而影响组织敏捷性的构建。另一方面，生态中的企业管理者应该重视知识管理能力在提升组织敏捷性中的重要作用。生态中的企业管理者应该充分认识到生态中的组织敏捷性的知识属性，积极发展企业管理知识的机制，以良好地配置外来的和内在的知识资源，从根本上形成组织敏捷性的智力支撑。而一味地追求技术的革新是很难让生态中的企业真正把握住生态中的市场需求、做出正确回应的。因此，智慧物流生态中的企业管理者在提升组织敏捷性的过程中，应该将目光放到其内在能力的培养上，修炼内功，让组织敏捷性的基础变得扎实、稳固和可持续（Lee et al.，2020；Mao et al.，2020）。此外，智慧物流生态中的企业管理者应该在企业内部创造一种良好的氛围，以鼓励员工的创新行为，进而促进敏捷性的提升过程。这个思想体现了员工在生态中的组织敏捷性的构建过程中的重要作用。生态中的企业管理者需要意识到，员工是企业一切活动的执行者，激发员工的主动性和创新性，有利于激发企业活力，从而能够更好地改进产品与服务，以响应市场需求。

第8章 智慧物流生态中的供应链合作与敏捷性构建

随着物流行业规模的扩大和业务复杂度的上升，智慧物流生态的运营已不能仅靠一个或几个企业的力量，实现生态协同发展才是根本解决办法。因此，将整个供应链所涉及的上下游联合起来，让更多的技术、用户、应用厂商参与进来，才能更好地推动智慧物流生态的发展（Gölgeci and Kuivalainen，2020）。而供应链合作将是一种面向未来的重要协同模式。不同于以往企业间的供应链合作，智慧物流生态中的供应链合作将是一种相互补足、共生发展、共同受益的模式。生态中的供应链合作鼓励成员根据自己的分工差异、应用层面差异，将自己的优势技术、专业知识拿出来，相互借鉴，形成优势互补，从而实现生态中的优势结合。

智慧物流生态中的供应链合作正日渐成为物流管理中的重要主题，许多学者研究了如何提升供应链的合作水平，并得出了许多富有远见的结论。大家普遍认为，智慧物流生态中的供应链合作指的是将供应链内部和外部的资源整合与配置的机制，这种机制能够帮助生态中的企业获得它们难以单独获得的绩效。因此，与供应链伙伴的合作正越发成为保证生态中的企业快速应对市场变化的重要因素。然而，随着这方面研究的深入，另外一个问题浮现出来，即"供应链合作是否总是能够创造价值"（Aslam et al.，2018；Dubey et al.，2021）。一些针对智慧物流生态中的供应链合作价值的研究表明，供应链合作的益处不能在任何情况下得到保证。尽管越来越多的生态中的企业认识到了供应链合作的作用，但是只有很少一部分企业能够真正把握其潜在价值。这其中就包括供应链合作对供应链敏捷性的影响。供应链敏捷性作为智慧物流生态中的企业的关键能力，需要企业利用内外部资源来提升，而生态中的供应链合作给企业提供了提升供应链敏捷性的机会。然而有学者的研究发现了一个关于供应链合作与企业反应程度的倒 U 形曲线。因此，智慧物流生态中的供应链合作对于供应链敏捷性的作用并没有定论，还需要进行进一步分析与探究，并了解其潜在益处能够在何种情况下有效发挥，以提升企业对于市场的感知与反应能力（Wamba et al.，2020）。

在已有的观点中，智慧物流生态中的供应链合作与供应链敏捷性的复杂关系可能是生态中的企业活动都是扎根于复杂的环境所导致的。生态中的供应链合作之所以能够产生价值，是因为它能够给企业提供从生态供应链伙伴处学习的机会，通过这种学习，生态中的企业能够吸取其他企业在应对市场变化的过程中的先进经验和技巧，从而有效提升自身的管理和运作水平（Chakravarty et al.，2013；Li et al.，

2022；Queiroz et al.，2018）。然而，仅凭供应链合作是远远不够的，因为生态中的企业需要通过技术载体的帮助，将学到的成果实际应用到解决问题的过程中。而数字化能力能够有效保证企业的学习效果，帮助生态中的企业将从供应链合作中学到的知识应用到具体实践中。数字化能力反映了智慧物流生态中的企业配置数字化资源，以支持商业战略和工作流程的能力。这种能力被广泛认为是使智慧物流生态中的企业能够获得、应用知识和信息的有效能力。生态中的企业间合作关注的是资源的交换。因此，数字化能力为合作双方产生价值起到了重要的推动作用。尽管数字化能力的价值已经被广泛认同，但是它在供应链合作中的作用还研究得不多。所以，探究智慧物流生态中的企业数字化能力如何调节供应链合作与组织敏捷性的关系能够帮助加深对于其潜在机制的理解。

8.1　智慧物流生态中的供应链敏捷性

关于组织敏捷性，除了企业内部产生的感应和应对外，还包含与外部合作伙伴协同，从而形成供应链敏捷性。供应链敏捷性也是智慧物流生态中重要的竞争要素（Patrucco and Kähkönen，2021；Shekarian et al.，2020；Tan et al.，2019）。供应链敏捷性就成为当下一个讨论的热点。供应链敏捷性指的是企业与其供应商与客户合作，快速感知与回应市场变化的能力。供应链敏捷性存在双重内涵：它不仅反映了生态中的企业对外部商业、政治和环境变化的感知能力，而且涵盖了生态中的企业对这些变化的快速而准确的反应能力。对外界环境的感知能力意味着企业能够获得关于外部市场的实时资讯，并能够监测到其变化以及蕴藏在这种变化背后的潜在机会，它需要生态中的企业拥有充足的信息资源和富有远见的战略视野。对于市场变化的回应能力要求生态中的企业能够通过合理配置整个供应链的资源，快速而高效地执行战略计划。供应链敏捷性往往被看成一种外部导向的能力，它对于企业获取竞争优势十分关键。现有研究也广泛证实了供应链敏捷性的重要作用，认为其对成本绩效和运营绩效有着积极影响（Wamba et al.，2020）。

在智慧物流生态中，供应链敏捷性反映了企业与其重要供应商和客户一起，快速调节其供应链运作和策略，以回应市场变化的能力。这种敏捷性不仅反映了智慧物流生态中的企业对于外部环境的认知过程，而且反映了智慧物流生态中的企业及时准确地对市场动荡做出回应的行为过程。一方面，智慧物流生态中的企业需要通过获取充足的生态中的市场信息，加深对市场的敏锐感知，以了解市场表象下蕴含的机会与风险。另一方面，智慧物流生态中的企业需要在整个供应链范围内合理、正确和快速地调配资源，从而及时回应市场变化（Shekarian et al.，2020；Teece et al.，2016）。智慧物流生态中的供应链敏捷性是一个外部导向的能力，它关注供应链成员之间的协作，并要求企业与外部实体交换资源。

对于供应链敏捷性的形成过程和关键影响因素，目前已经存在较为广泛的关注与探讨（Lee et al.，2020；Li et al.，2022）。由于供应链敏捷性是外部导向的，考虑与外部实体的互动与合作也十分必要。在此基础上，学者将其前因分为技术和关系两个部分：技术类的前因是 IT 能力，而关系类的前因包含信息分享和运营合作两个方面。技术类观点集中在讨论企业的 IT 能力方面。他们认为供应链敏捷性可以分为供应链感知和供应链回应两个方面，并说明 IT 能力对这两方面的敏捷性都能够起到显著的促进作用。但同时，另外的观点则认为仅仅考虑技术因素是远远不够的，与合作伙伴的关系因素必不可少。这些观点将供应链敏捷性视为一种降低供应链风险的手段，并认为其会受到企业的三种行为，即内部整合、外部整合和外部灵活性的影响，而这三种行为又会被企业的市场导向和学习导向影响。还有观点将与商业合作伙伴和竞争对手之间的关系看成影响供应链敏捷性的关键要素。事实上，更多的观点关注到了供应链成员间的互动，他们从关系视角出发，认为供应链协同、合作和交流能够有效促进供应链企业联合对市场变化进行回应，进而提升绩效。图 8.1 总结了当前研究对供应链敏捷性前因的探索现状。

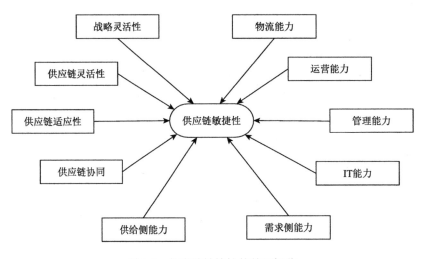

图 8.1　供应链敏捷性的前因概览

8.2　智慧物流生态中供应链合作和数字化能力的影响

8.2.1　智慧物流生态中供应链合作对供应链敏捷性的影响

在智慧物流生态中，供应链合作指的是两家以上的自主企业密切合作，朝着共同的目标和互利互惠的愿景计划并执行供应链的运作（Dubey et al.，2021）。这种合作通常包含供应链伙伴之间的整合流程，需要这些供应链伙伴共同学习知识，以有效应对市场需求。智慧物流生态中的供应链合作需要有长期、紧密的企业间关系的支撑，它能够利用企业间学习的良好效应来实现合作各方的共同目标（Wamba et al.，2020）。供应链合作正成为生态中的企业必须做的事情，而不再是一个可以选择的方案，也成为生态中的企业获得和保持竞争优势，如提高生产力、减少库存水平和减少执行方案中的错漏等的关键来源。

关于供应链合作对企业能力和绩效的影响，已经有很多不同的理论性解读。其中组织学习理论对解释智慧物流生态中的供应链合作的作用机制更有借鉴意义。组织学习理论将组织学习定义为使用和理解更好的知识改善组织行为的过程。在这个理论中，知识获取、吸收和应用被认为是组织学习的三个基本步骤（Felipe et al.，2020；Mao et al.，2020）。通过这三个步骤，企业能够在与供应链伙伴接触的过程中，获取外部知识并抓住新的机会。具体而言，知识获取反映了企业从其供应链伙伴手中获取新的知识的学习过程。知识吸收指的是企业的一种学习过程，这种过程能够分析、解释和理解其从外界获取的知识。知识应用是企业将其刚刚吸收的知识应用到实际业务中的能力。根据组织学习理论，企业通过获取隐性知识以建立和维持其竞争优势。企业需要学习如何理解、衡量和回应外界需求，组织学习对于企业持续改进与更新十分关键。供应链合作被视为企业的学习过程。因此，组织学习理论是解释企业如何通过供应链合作创造价值的有效理论视角。知识是一种重要的战略资源，能够帮助企业获取竞争优势。而供应链敏捷性作为企业竞争优势的重要组成部分，其发展需要相关知识的支持。因此，企业需要从外部学习知识，并将这些知识应用到具体实务中，从而提升对外界的反应能力（Gölgeci and Kuivalainen，2020；Mao et al.，2020）。由于供应链合作能够为企业提供从供应链伙伴那里学习知识的机会，因而这种合作被看作提升供应链敏捷性的重要因素。

根据组织学习理论，智慧物流生态中的企业通常通过获取外部知识的途径来建立竞争优势。因此，智慧物流生态中的供应链合作能够帮助企业通过有效的学习过程，提升其供应链。智慧物流生态中的供应链敏捷性需要企业能够接触到外部技术和业务知识，通过对大量不同技术和业务知识的获取来高效感知市场变化（Mao et al.，2020）。智慧物流生态中的供应链合作同时也能够协助公司从其合作伙伴中得到丰富而关键的市场信息，包括生产、销售、运输、仓储、流通加工、配送、信息服务等，使其学习到如何回应市场的变化。在获取了丰富的市场知识以后，生态中的企业对市场有了更加全面、深刻的理解，进而能够了解市场趋势，并回应市场变化。例如，当智慧物流生态中的企业面对生态中的市场变化时，可以从其富有经验的合作伙伴处学到相关的应对技巧。除了提供给企业知识的来源外，生态中的供应链合作还能够帮助企业与其合作伙伴在共同学习的过程中达成共识（Aslam et al.，2018）。这种共识的形成有助于简化交流中互相理解的过程，从而使企业更加容易吸收从合作伙伴那里学到的知识，进而将其应用到提升供应链敏捷性的过程中。同时，智慧物流生态中的供应链合作还能够促进一系列的协同行为，如共同规划和运营。通过这些行为，智慧物流生态中的企业能够得到合作伙伴的帮助，将其学到的知识应用到实践中，指导它们如何敏捷地应对生态中的市场变化。

8.2.2　智慧物流生态中数字化能力的调节作用

由于智慧物流生态的复杂性，对于供应链合作在提升企业竞争力中的具体作用，目前学术界还存在一些争议。虽然很多研究已经从各个方面证实了供应链合作对企业能力、绩效等方面的积极作用，但另外一些学者指出它们之间的这种关系并不一定普遍存在，甚至在一些情况下可能是负向关系（Dubey et al.，2021）。这些讨论表明，智慧物流生态中的供应链合作的作用可能不是无条件的，它需要考虑到一定的内外部条件才可能发挥作用。例如，在供应链合作关系中，信息交换活动的作用会取决于外部环境的情况和运营过程的特征；智慧物流生态中的企业对于数字技术的使用能够减弱在供应链中与合作伙伴数字化联系的弊端。然而，在智慧物流生态中的供应链合作对供应链敏捷性的作用中，对这类约束性条件的讨论还很少。

从组织学习的角度而言，数字化能力是组织学习最重要的支撑条件，能够帮助企业有效管理知识，并且利用学习过程的价值将智慧物流生态中的企业与其外部网络联系起来（Wamba and Akter，2019）。例如，生态中的企业将数字化与商业战略联系起来，可以实现在管理企业间关系和利用知识方面的战略协同。智慧物流生态中往往会涉及来自生产制造、物流、金融、商贸等诸多产业的企业，物联网、云计算等数字技术可以帮助企业实现跨部门、跨行业、跨企业的车辆、货物、客户等方面的协同合作，促进生产、流通、消费无缝对接。也就是说，数字技术的使用将会提升智慧物流生态中的企业基于生态平台开展供应链整合，进而使企业获得较高的绩效（池毛毛等，2017）。数字化能力不仅能够帮助生态中的企业从它们的合作伙伴处获取外部知识，还能帮助生态中的企业吸收和应用这些外部知识，以满足商业活动的需要。在供应链管理中，数字化能力包括外部数字化能力、跨越数字化能力、内部数字化能力（Felipe et al.，2020）。外部数字化能力反映了供应链伙伴基于数字化的联系；跨越数字化能力关注数字化的整合和协作；内部数字化能力则侧重于支撑智慧物流生态中的企业系统和服务的内部数字化基础设施。这三种数字化能力为智慧物流生态中的企业实现商业目标提供了支撑，它们能够帮助智慧物流生态中的企业跨越较少的时空障碍获取所需的知识。

　　智慧物流生态中的企业的数字化能力，包括外部数字化能力、跨越数字化能力、内部数字化能力，对其利用供应链合作来提升供应链敏捷性具有重要意义。具体而言，外部数字化能力关注生态中的企业与其重要合作伙伴建立数字化联系的能力。外部数字化能力能够通过促进组织学习中的知识吸收过程来促进供应链合作与供应链敏捷性之间的关系。这种能力反映了生态中的企业应用企业间数字化工具（如电子数据交换、虚拟社区和供应链管理系统等）与其他企业联系的能力。例如，当企业具有较高的外部数字化能力时，它就能更有效地利用生态中的智慧物流平台将供应链中有关生产、运输、仓储、配送、金融和销售等业务模块的优势资源进行整合（高沛然和李明，2017）。这些企业还能通过这一数字化能力，利用互联网、物联网技术，优化滋生的供应链资源配置及动态管理，为其供应链伙伴提供更为一体化的生产制造、物流、销售等服务与供应链解决方案。也就是说，外部数字化能力是外部导向的，聚焦于生态中的企业利用和管理外部关系与资源的能力。供应链合作中的商业伙伴需要学习彼此分享的关于客户、科技和市场的知识；同时，生态中的企业也应该建立外部导向的数字化能力去获取供应链合作过程中的重要资源与价值。而外部数字化能力能够通过促进知识流向企业来提升这种学习过程。例如，生态中的企业可以通过这种数字化能力与其合作伙伴建立共享的库存系统，进而能够获得供应链上的实时库存数据，以辅助其决策。生态中的企业同样也能够通过虚拟社区的建立和客户发展良好的关系，进而推进双向渠道的交流，以扩展互动的广度与深度。此外，标准数据交换或其他的电子商务接口能够为智慧物流生态中的企业提供标准化的技术支持，以提升其与供应链伙伴交换知识的效率。

　　跨越数字化能力则关注智慧物流生态中的企业将内外部数字化流程整合，以保证其顺利运营的能力（Mao et al.，2020）。由于这种数字化能力能够加快智慧物流生态中的企业在学习过程中吸收知识的速度，其就有更大的可能性来强化供应链合作与供应链敏捷性的关系。跨越数字化能力反映了智慧物流生态中的企业将数字化应用程序运用到组织间流程中的能力，能够帮助将外部知识顺利整合到企业内部。它是内外兼具的一种能力，主要强调将外部的知识吸收到内部的过程。尽管智慧物流生态中的企业能够通过供应链合作从其伙伴处获取新的外部知识，但这些知识仍然难以被企业立即运用，因为这些知识来自外部，很难与企业的实际运营情况相结合。所以，为了充分利用供应链合作带来的外部知识，智慧物流生态中的企业需要数字化跨越能力来吸收和理解这些未经加工的知识（Gölgeci and Kuivalainen，2020）。例如，在一些知识管理系统中，企业能够识别出有能力解释这些外部知识的专家，从而将这些知识转化成一种可以被企业内部更多员工理解的形式。不同部门的员工能够获取并理解这些外部知识。因此，跨越数字化能力扮演一种传递知识的管道，它将智慧物流生态中的企业获取的外部知识转化为其内部的智力资本，而这种转化过程构成了供应链敏捷性的基础。

内部数字化能力反映了智慧物流生态中的企业配置数据、网络以及企业系统架构的能力。例如，生态中的企业会将人工智能驱动的物流产品分拣系统、计算机可视化系统、会话交互界面、自动运输工具等应用到各类业务环节，这可以在一定程度上减少人力成本的同时提高物流工作效率（Dubey et al.，2021）。这些企业也可以将射频识别技术、红外感应器、全球定位系统（global positioning system，GPS）以及激光扫描等物联网技术应用到仓储、运输等环节，实现对货物的自动定位、识别与监控。这种内部数字化能力是内部导向的，折射出企业对其数字化基础设施和基本技能的掌握程度。尽管供应链合作能够让生态中的企业获取外部知识，但是这些知识很难应用于企业各职能部门之间的创新活动中。而内部数字化能力可以提供整合化的跨部门数据，从而帮助生态中的企业克服部门之间的隔阂，将外部知识运用到需要不同部门协同的创新行为中（Lee et al.，2020）。另外，这种数字化能力能够保证数据、网络、企业系统架构在各部门之间的高效组织和安全运行。因此，生态中的企业开展的业务活动能够在全企业的范围内获得广泛的智力支持。这种跨部门的知识整合与应用促进了运营的优化和新产品与新服务的产生，为生态中的企业快速回应市场变化奠定了基础。

综上所述，提升供应链敏捷性需要智慧物流生态中的企业管理者有开阔的视野，充分利用外部供应链合作伙伴和自己内部的资源。生态中的企业管理者在进行外部合作时，需要注意与伙伴建立长期、可持续和互相信任的关系，这样能够促进彼此的互动和交流，从而获取稀缺资源来发展供应链敏捷性。同时，生态中的企业管理者还应当把与外界的互动当作学习的过程，以学习的思维去对待每一次交流合作。这样，生态中的企业能够从合作伙伴身上学习到先进的管理经验和技巧，了解到最新的市场行情，有利于对外部环境的变化做出迅速而准确的反应。

8.3　智慧物流生态中关系资本和环境不确定性的影响

8.3.1　智慧物流生态中关系资本对供应链敏捷性的影响

智慧物流生态中的供应链敏捷性对很多企业而言是一种非常重要的竞争能力，但很多企业在发展这种能力时都面临着巨大的挑战。尽管前面已经提出，各类供应链合作，如信息分享、运作合作和企业间流程协同等都可以在一定程度上帮助生态企业提升其供应链敏捷性，但供应链合作本身通常仍然只关注具体的流程或活动，并没有对企业间关系的本质进行考虑（Liang et al.，2022；Wamba et al.，2020）。正如一些学者所说，所有的合作性流程与活动都是建立在高质量的关系上的，是这种关系的具体体现。因此，考虑关系质量有利于追根溯源，了解提升供应链敏捷性的根本因素。

智慧物流生态中供应链敏捷性指的是企业与其关键供应商和客户联合，快速、准确地对市场变化做出反应的能力。这种供应链敏捷性能够帮助企业改善业务运营情况、降低合作成本，进而满足客户需求、扩大市场份额和提高盈利能力。从这个角度看，供应链敏捷性的构建基础是企业自身的各类合作关系，而这些合作关系反映了企业所拥有的关系资本。在智慧物流生态中，企业关系资本可以反映企业间的信任、互惠、尊重或友谊，体现了企业间的关系质量（Gölgeci and Kuivalainen，2020）。关系资本是智慧物流生态中的企业获取外部资源的有效渠道。在智慧物流生态中，关系资本指的是企业与其商业伙伴在一段时间的交流过程中建立起来的信任、友谊、互惠等方面的好意。关系资本包含了企业对其商业伙伴在动机、能力、可靠性和开放性等方面的信念和信心。它能够帮助一段关系中的双方降低机会主义行为，提升战略行动的互惠性（Zhang et al.，2022b）。

在现有的理论探讨中，人们分别从企业能力理论和资源依赖理论视角对关系资本的作用进行了讨论。企业能力理论主要强调资源在能力构建过程中的基础性作用；而资源依赖理论则将目光放到外界环境中，解释如何获取外部资源，以应对外界环境中的不确定性（Dubey et al.，2021）。抛开它们的不同点，这两种理论视角在解释如何构建组织敏捷性方面是互为补充的。具体而言，企业能力理论提出构建企业能力需要一系列的资源支撑，但是它没有详细说明如何获取这些资源。资源依赖理论虽然没有说明如何构建企业能力，但它展现了从值得信赖的伙伴那里获取关键战略资源的途径，解决了企业能力理论的问题。正如企业能力理论所述，企业能力的建立需要一系列的资源支持。而资源依赖理论则说明，企业在资源方面并不能自给自足，需要外部的实体为其提供资源来维持其良好地运转。因此，智慧物流生态中的企业关系资本作为提供充足资源的渠道，能够有效提升供应链敏捷性这种重要的智慧物流生态中的企业能力（Gölgeci and Kuivalainen，2020）。

智慧物流生态中的企业关系资本被认为是影响知识共享行为的重要因素，因为它为双方提供了互利互惠的主观规范和积极友好的态度（Gölgeci and Kuivalainen，2020）。此外，智慧物流生态中的企业关系资本还被广泛认为是提升供应链、战略联盟和公司绩效的关键因素。但关系资本也存在一定的潜在风险。例如，生态中的企业关系资本可能会导致关系惰性。一方面，合作双方因拥有高质量的关系而自我满足，他们不愿意主动获取生态外部市场的最新信息；另一方面，面对市场中的机会与威胁，任何一方都不愿意做出改变，因为这会损害当前的良好关系。

在构建智慧物流生态中的供应链敏捷性的过程中，关系资本则被认为是帮助企业从其商业伙伴处获取充分资源的渠道。它反映了充满信任、互惠和友谊的高质量关系（Gölgeci and Kuivalainen，2020）。这种关系允许生态中的企业和它的伙伴在制定战略行动时考虑到彼此的利益和关注点，而不用担心被对方的投机行为损害。在这种情况下，其生态中的商业伙伴能够很好地了解企业的资源需求，从而使资源的转移变得更有效率。此外，智慧物流生态中的企业在与其信得过的商业伙伴交换资源时，会得到对方的优先权，对方将会优先处理企业的资源请求，从而帮助企业及时得到所需的资源。在得到充足的资源以后，智慧物流生态中的企业能够进行一系列的战略行为以回应市场变化，也就提升了智慧物流生态中的供应链敏捷性（Shekarian et al.，2020；Tan et al.，2019）。

8.3.2　智慧物流生态中环境不确定性的调节作用

现在有一个普遍的观点，即供应链是一套容易受到外界环境影响的系统，考虑环境因素有助于加深对供应链相关问题的理解（Cai et al.，2019；Wielgos et al.，2021）。这就意味着，智慧物流生态中的企业的供应链战略需要与外界环境条件相一致。因此，探讨环境因素将有助于加深对关系资本和供应链敏捷性的关系的理解。智慧物流生态中的企业外部的商业环境决定了资源的可获得性、稳定性、多样性，而这些资源是构建生态中的供应链敏捷性的基础。由于生态中的企业关系资本在构建供应链敏捷性的过程中，能够帮助企业获得充足的外部资源，它将在外部环境难以提供易得、稳定和多样的资源时变得更为重要（Gölgeci and Kuivalainen，2020）。此外，资源依赖理论认为，通过关系资本获取资源并不是企业的最优选择，因为这种途径蕴藏风险。例如，一直与商业伙伴进行合作将会导致对资源的依赖以及趋同的战略行为。当企业的合作变得低效，或者当其失去合作伙伴时，这将会严重损害到企业的利益。资源依赖理论为减少这种副作用提出了方案，即企业应该努力控制重要的战略资源，而不是依赖合作伙伴的供应。然而，这种努力经常受到外部环境的限制。也就是说，关系资本提供了一种可行的，但不一定在任何时候都是最优的解决方案。正如现有的一些观点表明，企业形成战略联盟是因为没有更好地降低外界不确定性的方式。当智慧物流生态的外部环境为企业掌控相关资源提供可能性时，企业将会抓住这个机会去降低对外部实体的依赖程度（Ravichandran，2018）。即当智慧物流生态的外部环境变好时，企业将会利用其他途径获取资源，而不是一味地依赖合作伙伴，这将会削弱关系资本的作用。根据这个观点，环境的不确定性能够影响智慧物流生态中的企业建立供应链敏捷性的战略努力。

环境不确定性通常会表现在环境丰富性、环境动荡性和环境复杂性三个方面。其中环境丰富性反映了企业外部环境中资源的丰富程度；环境动荡性是指企业外界环境中不可预知的变化程度；环境复杂性关注于企业外界环境实体的差异程度（池毛毛等，2017）。企业的战略不可能在所有的商业环境下都适用。智慧物流生态中的合作战略在不同的外界环境中变化很大，因为所有企业都是容易受外界影响的开放系统。管理者需要采取恰当的战略来回应智慧物流生态的外部环境的变化。虽然从合作伙伴处获取资源对于发展生态中的供应链敏捷性十分有效，但是这种途径也蕴含着过度依赖的潜在风险。环境因素（即丰富性、动荡性和复杂性）代表了发展生态中的供应链敏捷性所需资源的可获得性、稳定性和多样性。当外部环境让企业自行拥有所需资源成为可能时，企业将会减少对于发展合作关系的资源投入。因此，智慧物流生态的环境因素能够调节关系资本与供应链敏捷性的关系（Gölgeci and Kuivalainen，2020）。

在智慧物流生态中，环境丰富性展现了企业所面临环境中资源的充足度，这种环境能够支持企业绩效的持续增长。生态中的企业在这种环境中容易获取资源，并很少会为资源展开竞争。由于环境丰富性可以为智慧物流生态中的企业带来利润与绩效，企业能够寻求其他的渠道为构建供应链敏捷性获取资源，而不是一味依赖合作伙伴（Gölgeci and Kuivalainen，2020；Rozak et al.，2021）。例如，智慧物流生态中的企业能够通过并购的形式获取对资源的完全控制。因此，由于对商业伙伴资源依赖的减弱，生态中的企业关系资本在外部环境丰富性水平较高的情况下将会产生更少的作用（Gölgeci and Kuivalainen，2020）。当环境丰富性水平变低时，资源的竞争变得越发激烈，生态中的企业的利润也难以得到保证，它们难以利用其他渠道从外界获取资源。而依靠合作伙伴获取必要的资源，在这种情况下变得可行。例如，生态中的企业能够利用合作伙伴提供的基础设施和物流渠道等弥补其相关资源的不足。由于智慧物流生态中的企业关系资本能够保障企业从合作伙伴处获取资源，在这种情况下，智慧物流生态中的企业关系资本对于构建供应链敏捷性的作用将被强化。

在智慧物流生态中，环境动荡性代表了企业的外部商业环境中的不稳定因素，即外界难以预知变化的程度。这些难以预知的变化包括客户偏好的改变、技术的革新和产品的创新等。智慧物流生态中的供应链敏捷性要求企业通过与供应链成员的合作满足客户的需求。而在环境动荡性水平较高时，生态中的企业更加需要同时调整其产品、服务的数量和质量，以满足不断变化的需求（Liang et al.，2022；Wamba et al.，2020）。一方面，生态中的企业需要根据当前市场的需求情况，及时调整其内部运作，以保证提供足量的产品和服务；另一方面，生态中的企业需要不断地根据客户或消费者的偏好提升其产品和服务质量，以获得较大的市场份额。而上述举措都需要稳定的资源支持。在动荡的环境中，由于外部资源需求波动较大，生态中的企业很难获得足量的资源。为了克服这个困难、获取稳定的资源供给，生态中的企业需要寻求外界的帮助。在这种环境下，所有生态中的企业只愿意将资源提供给值得信赖的合作伙伴。此时，智慧物流生态中的企业关系资本保证了企业从合作伙伴处获取稳定的资源供应，从而构建供应链敏捷性（Gölgeci and Kuivalainen，2020）。因此，在环境动荡性水平较高的情况下，生态中的企业关系资本的作用被增强。相反，当环境动荡性水平较低时，市场变化可以被企业预知。因此，生态中的企业不需要过多的资源去回应市场变化。当资源供给变得稳定时，生态中的企业可以有多个渠道获取外部资源（Queiroz et al.，2018；Teece et al.，2016）。例如，智慧物流生态中的企业能够通过在要素市场购买资源的形式获取所需资源，从而降低对合作伙伴的依赖、减少建立关系的成本。在这种情况下，智慧物流生态中的企业关系资本的作用将被削弱。

在智慧物流生态中，环境复杂性是指企业所处环境中实体的异质性程度。由于复杂性将生态中的市场变得模糊化，智慧物流生态中的企业很难做出正确的战略决策以实现良好的绩效（Felipe et al.，2020）。在这种情况下，生态中的企业需要有清晰的战略视野，识别出市场中的关键因素，从而在复杂多变的外界环境中制定有效的战略举措。在环境复杂性水平较高的时候，生态中的企业需要调动不同来源的各种资源来满足构建供应链敏捷性的需求。这些隐形的、复杂的和专业的资源可以构建出难以被竞争对手模仿的企业能力（Patrucco and Kähkönen，2021）。当生态中的企业从不同的来源获取资源构建供应链敏捷性时，由于资源获取的方式过于复杂，它们的竞争对手难以模仿这种回应市场变化的方法。为了达到这一点，生态中的企业需要有充分的外部渠道以获取广泛的资源。然而，复杂的外部环境使获取这种资源的渠道变得模糊，从而让生态中的企业难以获取理想的资源。而生态中的企业所熟悉的合作伙伴能够在复杂的环境中，为企业提供其需要的资源，降低了与陌生企业合作所带来的不确定性。智慧物流生态中的企业关系资本，作为维系企业与其合作伙伴信任关系的纽带，帮助企业高效地获取需要的资源，其作用在这种情况下得到增强（Gölgeci and Kuivalainen，2020）。当外部环境复杂性水平降低时，生态中的企业不需要一整套复杂的资源来应对外部市场的变化。智慧物流生态中的企业对外界实体的依赖性也将减少。同时，从其他途径获取资源也变得更为经济和可行。智慧物流生态中的企业关系资本的作用将会被削弱。

因此，在智慧物流生态中，企业管理者在制定合作战略时，应该充分考虑外界环境条件。在生态的外界环境较为贫乏、动荡、复杂的情况下，关系资本对于供应链敏捷性的提升具有更强的作用；而在生态的外界环境较为丰富、稳定和简单的情况下，关系资本的作用将被削弱（Gölgeci and Kuivalainen，2020）。由于与合作伙伴维持良好的关系需要持续投入资源，因此生态中的企业管理者需要根据环境的变化权衡利弊，以确定这种关系上的投入是否能得到回报。在生态的外界环境较为恶劣时，管理者应该加大对关系的投入，从合作伙伴处获取资源以构建供应链敏捷性；在生态的外界环境较为丰富时，管理者应该适当削减这方面的投入，寻求更为经济高效的方式获取关键资源（Chakravarty et al.，2013；Tan et al.，2019）。在发展智慧物流生态中的组织敏捷性的过程中，管理者需要同时考虑内外部的各种调节因素，以制定出最符合企业实际情况的战略。

第9章　企业智慧物流生态中服务创新的构建机制

智慧物流生态系统的构建涉及货物运输、仓储、包装、配送、装卸搬运以及信息支持等服务环节（Chu et al.，2018）。这些服务的创新在智慧物流生态构建中具有重要的支撑作用。服务创新是为客户创造和交付价值而开发新的服务或改进现有的服务的过程（Dai et al.，2020；Daugherty et al.，2011）。服务创新是智慧物流生态成员提高竞争优势的重要手段。一方面，服务创新有助于企业突破服务同质化困局，实现服务差异化优势，提高客户满意度，强化核心竞争力，在激烈的市场竞争中脱颖而出，达到巩固市场地位的目的（Pedrosa et al.，2015）。另一方面，服务创新有助于优化运营效率，降低交易和物流成本，通过降本增效改善绩效（Rajahonka and Bask，2016）。例如，顺丰集团基于快递、速运、仓储和支付结算等业务场景，面向加盟网点、承包商和电商卖家等合作伙伴开展供应链金融服务，提供"物流＋供应链金融"综合解决方案，满足合作伙伴的资金周转需求，实现差异化竞争优势。

随着数字技术的持续发展和广泛应用，智慧物流生态越来越依赖数字技术实现服务创新（Subramanian and Abdulrahman，2017）。例如，企业通过物联网、大数据、云计算等先进技术实现货物信息和配送车辆信息的实时追踪，实现数据驱动服务创新（Subramanian and Abdulrahman，2017）。例如，青岛日日顺物流公司通过在运输车辆中安装物联网设备管理、用户管理、数据传输管理和数据管理模块，能够实时追踪车辆位置、状态和运行轨迹，并上传至云端，为客户提供互联互通的创新服务。菜鸟物流打造物流大数据平台，基于大数据赋能和云计算牵引，以仓储为节点，建造出覆盖全国乃至全球的物流仓储设施网络，为商家提供优质的物流服务。京东物流上线了全球首套机器视觉批量入库系统"秒收"，比传统的繁重人工操作方式的作业效率提升了 10 倍以上，提高了物流服务效率。京东物流自主研发的国内首套物联网分拣系统每小时能够完成 4000 个集包袋的分拣任务，分拣准确率达到 99.99%，大幅度缩短了商品到达最终顾客手中的时间。可见，数字技术的广泛应用为智慧物流生态中的服务创新打下了坚实的基础。

然而，数字技术的快速发展使数字化资源管理成为企业持续进行服务创新的关键。智慧物流生态中的企业往往需要构建数字化探索能力，寻求全新的数字化资源来及时响应不断变化的客户需求（Wagner and Sutter，2012）。新兴数字技术层出不穷，企业可以借助新兴数字技术的投资，基于新兴数字技术的功能，提供全新的服务。同时，企业也需要完善数字化利用能力，优化利用现有的数字化资源以发挥其最大价值。基于对现有数字技术的整合和应用，企业可以充分挖掘现有数字技术的潜力，开发新的技术功能，促进服务创新。然而，在激烈竞争的市场中，企业的数字技术投资预算往往是有限的，难以同时培育数字化探索能力和利用能力（Wallenburg et al.，2019）。尽管众多企业已经认可并重视数字化资源管理在服务创新中的重要性，但对如何借助数字化探索能力和利用能力支持服务创新的理解仍然有限。很多企业只是泛化数字化能力这样的概念，或者只是聚焦在特定的物联网、云计算、大数据等数字技术的功能对服务创新的影响上。即使在学术界，也很少有研究从数字化资源管理的角度对其探索能力和利用能力进行区分，探究数字化探索能力和利用能力在智慧物流生态服务创新中的重要作用。因此，有必要深入探讨在智慧物流生态中，数字化能力赋能企业服务创新的内在机制。

值得注意的是，企业仅依靠数字化能力是不足以实现服务创新的。数字化能力对服务创新的影响还取决于智慧物流生态中企业内部的创新氛围与职能整合的程度（田宇和杨艳玲，2016；Chu et al.，2018）。数字化能力对服务创新的影响是一个复杂的过程，需要企业充分发挥数字技术的功能，支持组织内外部信息的获取和整合，促进创新服务想法的创造和落实，满足客户需求。这要求企业具有良好的创新氛围来鼓励新想法的尝试，也需要信息技术、营销、售后、物流等多个部门的协作（Chu et al.，2018）。创新氛围与职能整合成为发挥数字化能力作用、促进服务创新的关键。创新氛围鼓励创造性想法的产生以及相关的尝试，并对错误与失败较为包容。创新氛围有利于企业创造性地利用数字化能力获得新颖的商业洞见，从而为服务创新的提升奠定基础。职能整合是企业发挥数字技术价值的重要前提。职能整合有助于促进职能部门之间共享信息，并减少不同部门之间的冲突，从而为探索和利用数字化资源进行服务创新提供基础支持。如果企业无法实现不同职能部门的整合，部门间冲突可能会阻碍企业新兴数字技术的部署或现有数字技术优化升级，进一步限制企业数字化探索和服务创新。职能整合水平高的企业能实现部门协同，充分发挥数字化能力的创新赋能效应，更好地促进服务创新的开展。因此，厘清创新氛围与职能整合如何强化数字化能力在服务创新中的作用是非常必要的。下面将讨论在智慧物流生态中服务创新的内涵与类型及其对企业的重要作用，剖析数字化能力对不同服务创新的支撑作用，还将讨论创新氛围与职能整合如何帮助企业利用数字化能力进行服务创新。

9.1　智慧物流生态中的服务创新

服务是在服务提供者和客户互动中共同创造的满足客户需求的一系列活动，对智慧物流生态的竞争力的提升具有重要意义。服务与有形产品有着明显不同。

与有形产品相比，服务具有无形性、异质性、同步性和易逝性等特征。首先，服务是一系列满足客户需求的活动。客户并没有获得实物，而是获得了无形的体验。其次，服务是在服务提供者和客户之间的互动中产生的。不同客户的互动过程往往具有很大的差异，获得的服务也不是完全一致的（田宇和杨艳玲，2016）。再次，服务的生产和消费是同步的，即时生产即时消费。最后，服务的同步性决定了服务的易逝性。服务难以像有形产品一样储存、转售或退货。服务的独有特点也给识别和度量其创新程度带来了挑战。与有形产品的创新不同，服务创新通常没有与实物产品相关的产品。因此，智慧物流生态中的企业往往面临不知道该从哪里寻找服务创新点，也经常低估或忽视潜在的服务创新点的问题。

智慧物流生态中的服务主要包括智慧仓储、智慧运输、智慧搬运、智慧包装、智慧供应链等环节，如图9.1所示。智慧仓储是在仓储管理业务流程再造基础上，利用RFID、无人车、自动分拣机、自动立体库等物流技术及先进的管理方法，实现入库、出库、盘库和移库管理信息自动抓取、自动识别、自动预警及智能管理（Subramanian and Abdulrahman，2017）。智慧运输与智慧搬运是指通过数字技术实现物流信息的互联互通，整合多种运输与搬运方式，改善运输效率和合理性。智慧包装是通过在包装中加入信息、电子、控制、传感等新技术使其具有通用的包装功能的同时，还具有感知、监控、记录以及调整商品所处环境的状态的功能，可将信息便捷、高效地传递给使用者，且使用者可与之进行信息交流与沟通。智慧供应链是结合云计算、大数据、物联网、人工智能、移动互联网以及区块链等先进技术和现代供应链管理的理论、方法和技术，实现供应链的智能化、网络化和自动化的技术与管理综合集成系统（Subramanian and Abdulrahman，2017）。

图9.1　智慧物流生态服务示例

这些服务通过数字技术手段，实现物流各环节精细化、动态化和可视化管理，实现物流系统智能化分析决策和自动化操作执行。

智慧物流服务创新被广泛认为是提高企业竞争能力的重要驱动力。服务创新重塑了服务提供商的业务流程和能力，促进组织学习，提高了服务交付的能力（Chu et al.，2018）。服务创新增加了客户价值，提高了客户满意度，优化了客户关系（Chu et al.，2018）。此外，服务创新还能够降低运营成本，提高市场竞争力（Pedrosa et al.，2015）。因此，服务创新不仅有利于企业实现财务、战略和市场方面的绩效提升，也有利于整个智慧物流生态系统的持续发展。然而，服务创新通常是一个复杂的过程，需要汇聚客户、产品和服务相关的知识。企业进行服务创新需要明确其类别以及要求。

服务创新战略的常用分类标准是基于对现有服务的创新程度进行分类。据此，服务创新可以分为突破式服务创新和渐进式服务创新（Pedrosa et al.，2015）。突破式服务创新是在服务市场中引入全新的服务。而渐进式服务创新主要包括对现有服务的扩充、对服务进行改进或者对服务的形式、风格进行调整。突破式服务创新和渐进式服务创新的划分取决于对现有服务的变革程度。突破式服务创新在新服务的开发中搜寻和追寻完整的新知识与技术，而渐进式服务创新在新服务发展的过程中使用并改进已有的知识和技能。突破式服务创新往往基于新知识或以新的方式组合现有的知识来实现服务的突破式创造。例如，许多企业采用全新的数字技术获取全新的知识，基于这些新知识开发智能装卸、分拣和堆垛等突破式服务创新。渐进式服务创新依赖于现有知识的整合，对现有服务进行小幅度调整。例如，一些企业通过优化数据库，为物流作业的运作及制定决策提供更多的数据分析和经验借鉴，提升物流服务效率。

突破式服务创新和渐进式服务创新对提升智慧物流生态中的企业绩效具有重要作用。首先，无论突破式服务创新还是渐进式服务创新，它们都能够利用已经积累的客户知识，产生知识资源的溢出效应，提高物流服务的效率并改善物流服务的效果，降低企业的成本。其次，突破式服务创新和渐进式服务创新能够增加服务的模仿难度，提升其他企业的模仿成本，增加企业的竞争优势。最后，两种服务创新都传达了以客户为中心的理念，增加企业在提供智慧物流服务时与客户的互动，帮助企业建立良好的客户关系，提高客户忠诚度。两种服务创新的作用也具有一定的差异性。突破式服务创新强调为客户创造全新的服务，有助于企业创造新的细分市场和抢占高端细分市场，从而增加收入和实现盈余利润。相比之下，渐进式服务创新侧重于改善现有服务。改进的服务可以帮助企业通过规模经济等来降低成本，在不需要大量支出的情况下建立客户忠诚度，提高服务质量以收取溢价，并获得额外的市场份额。表 9.1 总结了突破式服务创新与渐进式服务创新的关键区别。

表 9.1　突破式服务创新与渐进式服务创新的比较

比较项目	突破式服务创新	渐进式服务创新
技术	探索新技术	利用现有技术
不确定性	高不确定性	低不确定性
关注点	关注具有未知性能特征的产品、流程或服务	关注现有产品、流程或服务中功能改进的成本
竞争力来源	从现有市场、行业或新创建的领域中创造突破式的竞争力	从现有的市场、行业或已有领域中提升渐进式的竞争力

9.2　数字化能力赋能的智慧物流生态服务创新

9.2.1　数字化能力在智慧物流生态服务创新中的作用

很多企业已经充分认识到了数字技术在促进服务创新中的关键作用，而学术研究也进一步证实了数字技术对服务创新的支撑作用（Chu et al.，2018；Dai et al.，2020）。例如，有学者进行案例研究，揭示了数字技术在工业制造业企业服务创新中的作用（Dai et al.，2020）。也有案例研究发现数字技术是引起突破式服务创新的关键因素（Wagner and Sutter，2012）。数字技术赋能企业进行服务创新的作用主要体现在两个方面：一方面，企业可以利用数字技术设计新的服务流程或修改现有服务流程，如企业可以使用智能化客服系统进行客户信息查询和咨询，丰富多渠道销售功能，加强售后服务（Subramanian and Abdulrahman，2017）；另一方面，企业能够利用数字技术为客户提供价格更低和个性化更强的服务（Daugherty et al.，2011）。例如，客户关系管理系统的实施，使企业能够更好地管理现有客户，了解客户的需求变化，同时也可以发现在服务过程中客户产生的一些新需求。例如，戴尔公司采用的客户关系管理系统能够帮助客户配置计算机，以满足他们的个性化需求，并追踪客户的交易信息，加快物流交付的速度。同时，数据仓库和数据挖掘等技术的应用使企业能够分析客户的行为和特征，深入剖析和识别客户隐藏需求和偏好，为客户提供定制化服务。例如，思科公司开发和提供的大多数新服务流程依赖于数字化系统的使用，基于数据分析识别客户需求，不断进行服务创新来获取竞争优势。

鉴于数字技术在服务创新中的基础性支撑作用，数字化能力对于智慧物流生态的重要性已经得到广泛认可（Subramanian and Abdulrahman，2017）。数字化能力是指企业获取、管理和部署数字化资源以支持其业务流程和战略的能力。培养高水平的数字化能力将是服务创新的重要驱动力。数字化能力从其应用目的来说，可以分为数字化探索能力和数字化利用能力。数字化探索能力涵盖对新的数字化资源和实践的试验，如硬件上的无人机、机器人、可穿戴设备等，软件上的大数据及人工智能等。企业投入必要的资源和管理时间以了解不同的数字技术，并对较有应用前景的数字技术进行试验以了解其功能，选择少数最有可能对当前和未来的业务运作产生积极影响的技术。数字化探索能力反映了企业发现和部署新数字化资源以支持现有和未来业务流程与战略的能力，包括获取新的数字化资源（如新一代的数字技术架构和关键的数字化技能）、试用新的数字化资源、尝试新的数字化管理实践。数字化利用能力涵盖对现有的和已证实的数字化资源和实践的利用。企业改进和扩展现有数字化资源以改进现有业务流程和战略或创建新业务流程和战略，往往涉及重新利用现有的数字硬件和网络资源、重新利用现有的数字化应用和服务以及重新利用现有的数字化技能。数字化利用能力聚焦管理企业当前的数字化资产组合，使企业在不同的业务活动中利用和重用现有的数字化资产，投资互补数字技术以提高这些数字化资产的有效性，并将其与企业的业务流程集成。数字化探索与利用的重要作用已经得到了学者和企业的广泛讨论和认可。学者指出，新的数字技术支持可以产生创新的信息访问和处理能力，使企业能够从信息共享中获益，也可以帮助企业通过吸收和转移新的数字化资源来满足紧急协作需求，从协作计划中创造更多的价值；而利用现有的数字化资源则可以使企业更好地利用信息，通过熟悉的和经过验证的数字化应用程序提供适当的关联基础。

知识基础观为理解数字化能力如何帮助企业进行智慧物流服务创新提供了合适的理论视角。知识基础观认为，企业之所以存在，是因为企业能够进行知识创造、转移与应用，并且能够维持自身发展以及提高竞争力。知识基础观从根本上确定了知识是企业维持竞争优势的最有价值的资源。为了实现组织目标，企业积极进行着知识创造和知识应用相关的活动。学者广泛认为，知识是最具战略重要性的资源，企业需要恰当地管理知识创造、知识转移和知识应用，以保持竞争优势。知识创造通常涉及从外部获取新知识或从现有知识库中产生新知识；知识转移意味着组织分享、传播和复制知识以促进新的理解的过程；知识应用反映了知识的整合，以形成全新的组织能力。这些知识管理在组织内部和组织之间往往是相互关联和相互依赖的，被广泛认为是企业创新和绩效提高的关键驱动力。知识基础观的相关研究表明，良好的数字化能力能够帮助企业创造、转移和应用组织知识，是企业进行有效知识管理的重要基础。学者普遍认为数字化能力支持企业获取和重组知识，以创造新知识来实现卓越的创新绩效。服务创新相关研究表明，服务创新是一项需要有效知识管理的知识密集型活动。因此，数字化能力作为一种有效的知识管理手段，能够推动智慧物流生态中企业的服务创新并提高绩效（Subramanian and Abdulrahman，2017）。基于知识基础观，数字化探索能力有助于企业获取新知识，并将新知识与现有知识进行有效的结合。而数字化利用能力则有助于对现有知识的提炼、转移和重组。无论数字化探索能力还是数字化利用能力，均扮演着知识管理驱动器的重要角色，可以有效提高企业知识创造、应用、转移的有效性和效率，从而支持服务创新。

9.2.2　数字化能力赋能的智慧物流生态服务创新构建机制

　　智慧物流生态服务创新的发展依赖于新知识的利用（Subramanian and Abdulrahman，2017）。数字化探索能力通过支持新知识的创造和应用，以及新知识与现有知识的整合，促进突破式服务创新的发展。数字化探索能力扩展了企业获取新知识的渠道，使企业有了更多机会向客户和供应链伙伴等利益相关者学习，能够更加敏锐地捕捉到服务创新的机会。基于知识基础观，新兴的数字技术可以增强企业转移和应用大量新知识的能力。企业可以有效地应用细粒度的新知识，或将这些新知识与现有知识相结合，以产生新的服务理念，实现突破式服务创新。例如，物联网技术的应用帮助企业收集并整合物流中所涉及的配送车辆、货物、客户等各类物流数据，促进生产、流通、消费等各个环节数据的无缝对接。同时，云计算和大数据分析等技术可以从海量数据中提取新知识，产生关于客户偏好的独到洞见，帮助企业深入理解客户未被满足的潜在需求。基于数字化探索能力，企业可以进一步应用新知识开发突破式的服务。

　　与突破式服务创新不同，企业也可以通过对现有知识的扩展来实现渐进式服务创新。数字化探索能力可以满足企业对内外部现有复杂知识转移和整合的需求。数字化探索能力通过新的数字化资源将现有知识与新获得的知识有效转移和应用，进而促进渐进式服务创新。对新的数字化资源的探索改变了传统的知识管理技术基础。例如，云计算和企业协作平台等技术为企业成员提供了一个灵活的数字基础设施，使他们能够快速、有效地获取存储在系统中的知识（Subramanian and Abdulrahman，2017）。对新的数字技术的探索可以帮助企业有效地应用现有知识，同时还可以将现有知识与新获得的外部知识进行重组。例如，人工智能、深度学习等技术能够充分利用组织内外部信息，实现对现有的知识和外部知识的有机结合，产生新颖的见解。这种有效的知识转移和应用可以帮助企业识别服务改进机会并完善现有服务。

　　数字化利用能力同样可以满足突破式服务创新的知识需求。随着数字化利用能力逐渐增强，企业可以打破现有的知识应用模式，以全新的方式重组现有的知识，从而产生突破式服务创新理念。通过在不同的业务活动中整合现有的数字化资源，企业可以充分理解现有的知识应用，捕捉现有知识应用模式的细微差别，并改变或打破这些知识应用模式，使用新颖的方式重新配置知识，产生新的见解。员工可以通过优化数字化资源和实践有效解决业务问题，为突破式服务创新提供有效和高效的知识流动。同时，企业可以通过现有数字化功能的优化加深对现有服务的理解，并有效地协调与知识过程相关的活动，加快突破式服务创新的步伐。

与突破式服务创新相比，数字化利用能力促进企业应用现有知识对服务改进产生见解。数字化利用能力使企业实现快速搜索和检索信息，促进有效的知识转移。高水平的数字化利用能力通常会使知识更加快速地流动。无论在企业部门之间的知识流动，还是企业与外部合作者之间的知识流动，都将有利于改善现有服务。一个设计良好的知识管理系统可以通过将隐性和显性知识嵌入组织中来增强知识的集成和应用。由业务单位共享的通用标准数字化资源可以实现高效的知识交换。例如，分布式数据库可以保证准确、实时、全面地进行信息交流，从而促进知识的获取、转移和使用。这些都是渐进式服务创新的基础。此外，数字化利用能力还可以整合服务活动的知识，集成知识，帮助企业识别和消除物流服务提供过程中的冗余活动，并促进渐进式服务创新。

值得注意的是，数字化能力对服务创新的赋能机制还存在中介效应。根据动态能力理论和能力层级观，数字化能力代表了较低阶的动态能力，它可以用来开发较高阶的动态能力，进而可以促进服务创新。高阶动态能力是通过资源重构来更新组织资源基础的战略惯例。高阶动态能力促进企业持续创造新的竞争力并维持竞争优势。高阶动态能力的发展需要低阶动态能力的支持；低阶动态能力的价值实现需要依赖高阶动态能力的中介效应。而资源拼凑是智慧物流生态中的一项重要高阶动态能力，反映了企业利用手头现有资源的组合来解决新问题、利用新机会的能力。服务创新需要企业投入大量的资金、设施和人员。而资源拼凑是企业应对资源限制的关键能力。资源拼凑包括三个核心要素：一是主动解决问题或把握机会，而非踌躇却不采取任何行动；二是利用手头现有资源，而非寻求新资源；三是组合资源用于新目的，超出资源原有的用途。资源拼凑强调利用现有资源找到可行解决方案来应对广泛的挑战，解决新问题或把握新机会。资源拼凑可以产生新的资源组合，从而更新企业当前的资源基础。智慧物流生态中的企业通过数字化能力，能够充分了解现有的资源基础，并进行资源重组，以此来促进资源拼凑。而资源拼凑使企业能够更好地利用现有资源，进行服务实践，从而为服务创新提供更多的可能。因此，资源拼凑能够使企业的数字化能力优势转化成服务创新。

具体而言，智慧物流生态中的企业凭借数字化能力可以发现运营流程中的隐藏模式，并提高资源利用的透明度。企业能够勾勒出其所拥有的资源的全貌，并能够识别未充分利用的资源。此外，数字化能力可以通过发现新的方法来重组和重用现有资源以达到新的目的，从而促进资源拼凑能力的提升。通过利用数字化能力，企业可以产生关于不同资源之间联系的新的洞见，从而更好地了解现有资源中的协同效应。这将有助于形成新的资源重组模式，并将现有资源应用于先前没有发现的领域以创造价值。

资源拼凑能力可以使企业更好地利用手头的资源，促进服务创新。服务创新通常需要超出企业当前配置的额外能力和资源的支持。而作为一种高阶动态能力，资源拼凑能够使企业通过重组和重新利用手头已有资源来填补资源缺口，从而实现服务创新。例如，企业可以利用现有的技术储备、专业技术人员和营销经验来开发支持产品功能和客户运营的服务。因此，资源拼凑能力强的企业在开发和提供服务方面将更加灵活，并有利于服务创新的实现。此外，资源拼凑使企业能够产生新知识，帮助企业感知和抓住宝贵的服务创新的契机。基于资源拼凑，企业可以获得资源重组和重利用的隐性异质的知识。这些知识使其能够抓住为客户提供创新服务的机会，促进服务创新。此外，企业可以利用资源与知识的重组来推出市场所需的服务，如维护备件供应和远程监控等。资源拼凑可以对客户需求、使用模式和行为方面的深层知识进行新的重组，以开发满足客户需求的服务。通过将关于客户的知识与现有的技术储备重新组合，企业可以开发面向客户的服务，以满足个性化的客户需求。

9.3　创新氛围与职能整合对数字化赋能服务创新的驱动作用

随着市场竞争的加剧，企业界与学术界越来越关注创新氛围与职能整合在发挥数字化能力作用方面的关键角色。创新氛围被广泛认为是企业中的关键权变因素，它影响了通过数字化能力赋能服务化的过程。创新氛围是组织文化的一种形式，它鼓励创造性的想法、实验和冒险，强调新颖性和实验性。创新氛围符合数字化能力对创新的本质要求。创新氛围会影响企业利用数字化能力的动机和效率。在创新氛围之下，受到企业鼓励创新、营造创新文化的影响，数字化能力更能促进服务创新的实现。

职能整合是反映不同职能部门之间信息资源共享与紧密合作的过程，包括部门之间加强沟通互动、信息共享、相互协作等活动。在智慧物流生态中，这种职能整合可能包括生态中的企业在制造、采购、电子商务、配送、仓储等职能方面的互动协作。职能整合强调部门间的合作、协作、沟通、共同参与和目标一致。职能整合是企业为应对环境不确定性等挑战所做出的回应，是部门间相互协作和共同投身企业事业的共同承诺。为了发挥数字化能力的作用，企业需要重组业务流程及组织管理体系，通过数字技术赋能物流各环节，实现服务创新。而职能整合将助力业务流程重组，强化知识管理水平，使数字化能力在服务创新中进一步发挥作用。

　　具体而言，创新氛围将提高数字化能力在促进服务创新方面的有效性，因为它刺激了数据驱动的资源重新组合与利用，有利于改善服务创新水平。一方面，创新氛围鼓励更多的新技术和新想法，为数字化能力促进服务创新提供了更多机会，如利用大数据、人工智能、区块链等新兴科技重新定义信息与数据的传递方式，深刻影响物流服务的各环节。创新氛围之下，以创新为导向的企业倾向于接受新技术和尝试新想法。因此，更注重创新的企业将投入大量精力提升数字化能力，并尝试从数据分析中获得商业洞见。通过这些举措，企业将在更大程度上利用数字化能力来分析组织尚未充分利用的闲置资源，并确定新的方法来重新组合和重新使用这些资源，从而实现新的目标，提升企业服务创新水平。另一方面，创新氛围也为承担风险和采用非常规实践与想法营造了有利的组织氛围。因此，即使基于数字化能力得出的关于新资源组合的洞见不太常规，具有高度创新氛围的企业仍倾向于采纳并实施这些洞见来重新配置资源，以提升服务创新水平。相反，创新氛围水平低的企业将不愿实施这些数据驱动的洞见，因为它们不鼓励不确定和有风险的做法。因此，创新氛围将营造一种环境，激励企业充分利用数字化能力来促进服务创新，开发面向产品和面向客户的更高质量的服务。

　　职能整合能够促进横向沟通和跨职能协调，减少企业内部不同职能之间的冲突（Daugherty et al.，2011）。企业各职能部门看待问题、收集信息和理解信息的角度不同，而职能整合通过角色会议、例行会议和合作备忘录等形式，汇集不同职能部门的信息和知识，促进企业有效发挥组织能力，从而促进部门间的交互和协作。信息和知识在职能部门之间的流动使企业对要开发的服务以及服务的市场化有更深层次的理解，这增强了服务创新开发活动的一致性，同时能够提高新服务开发过程中决策的一致性。现有研究也表明，部门间的频繁互动会带来看待问题的不同视角，激发创造力。不同职能部门之间的信息交换减少了开发过程中的不确定性，促进企业做出合理决策。职能整合促进部门之间达成共同目标和对问题的相互理解，减少了可能出现的部门冲突，促进了服务创新活动的执行。可见，职能整合对于发挥数字化能力、实现服务创新具有重要意义。

　　职能整合为企业充分利用数字化能力提供了基础，使数字化能力的作用进一步得到落实，从而促进服务创新（Chu et al.，2018；Daugherty et al.，2011）。新的数字化资源往往具有高度不确定性，企业为了实现数字化资源在服务创新中的价值，需要不同部门协调配合和共同努力。首先，高水平的职能整合使不同的职能部门在利用数字化能力进行知识创造、转移和应用等方面形成共识，从而促进服务创新。例如，物联网的使用可以为物流企业带来更多关于客户业务的数据资源，这些数据资源经过不同职能部门的利用可以转化为不同性质的知识，并通过密切的协作将这些新知识应用到整个企业内部。这可以碰撞出更多的想法和知识，为服务创新提供知识基础，进而使数字化能力对服务创新的作用进一步凸显。其次，新的数字化资源的实施往往较为复杂。职能部门之间的有效配合，能够有助于数字技术成功落地，切实提升服务创新水平。现有数字化资源的再利用也涉及不同的功能流程，其价值创造需要不同部门之间的整合。高水平的职能整合有助于企业从不同职能部门收集关于改进的数字化活动的洞见，并使各部门从自身业务出发，充分提炼现有的数字化资源对部门工作的优化空间，以重新利用现有知识，或将现有知识与新知识重新结合，从而提高企业利用数字技术进行知识管理的效果。如果职能整合水平较低，则意味着企业内部连通性和协作性处于较低水平，将限制数字化能力对于服务创新作用的发挥。因此，职能整合是发挥数字化能力价值、促进服务创新的关键。

综上，智慧物流生态中的企业在构建智慧物流生态过程中应采取以服务为中心的商业逻辑，强调发展服务创新，以保持竞争优势。数字化能力、资源拼凑、创新氛围和职能整合是智慧物流生态中服务创新构建的重要因素。基于知识基础观和动态能力理论，数字化能力是促进企业实现渐进式服务创新和突破式服务创新的关键。同时，资源拼凑是将数字化能力优势转换为服务创新的关键中介机制。智慧物流生态中的企业只有通过数字化能力促进资源拼凑能力，才能更好地实现服务创新。此外，智慧物流生态中的企业创新的组织氛围和高水平的职能整合对数字化能力价值实现具有显著的强化作用。企业应当了解如何利用数字化能力实现资源拼凑，最大化现有手头资源的价值，提升服务创新水平。同时，企业应高度重视创新氛围和职能整合在实现数字化能力对服务创新的价值方面的重要性。管理者应鼓励不同职能部门就共同目标进行沟通和协作，并建立正式的组织安排，鼓励各部门勇于创新和冒险，进而优化创新氛围，促进职能整合。

第 10 章　企业智慧物流生态中的突发事件决策

近年来，国际形势复杂多变，突发事件频发。宝洁公司前首席运营官罗伯特·麦克唐纳使用"VUCA"来描述当前全球的商业环境。"VUCA"描述的是当今市场环境的不稳定（volatile）、不确定（uncertain）、复杂性（complex）、模糊性（ambiguous）。"不稳定"是指外部环境变化瞬息万变；"不确定"是指缺少环境变化的信息，每一次决策都充满风险；"复杂性"意味着各种因素关系错综交织，难以预料下一步的战略方向；"模糊性"表示各类环境因素因果关系不明确。"VUCA"时代，各种突发事件使智慧物流生态的运转面临巨大的挑战。突发事件的发生严重冲击着物流的发展，并加剧供应链中断的风险。例如，2003 年北美大停电迫使大批美国企业停工，使美国整个物流体系被迫中断。2011 年日本大地震导致汽车零部件短缺，不仅重创日本企业，也在很大程度上波及全球供应链和我国汽车行业，严重威胁了汽车企业物流生态的运作。2019 年中美贸易战，美国率先对我国实施贸易制裁，对我国电子通信产业的发展造成冲击，使中兴通讯等企业的物流生态出现中断。2020 年，新冠疫情暴发，新冠疫情成为威胁物流生态运转的重大"黑天鹅"事件。疫情导致工厂关闭，全球芯片减产，汽车行业物流生态遇到严重威胁，一汽大众部分车型于 2020 年 12 月停产。2022 年，俄乌冲突爆发，全球石油价格一路飙升，影响了包括我国在内的世界各国的物流生态的运转。这一系列的突发事件影响巨大，使物流生态承担了较大的风险。随着企业之间的合作日益紧密、相互之间的依赖性更为突出，企业之间的物流生态网络也日趋复杂。突发事件造成的影响不再仅仅局限于单个企业，往往会波及整个物流生态上的企业，甚至波及整个行业。

因此，面对突发事件的冲击，智慧物流生态中的企业需要利用数字技术以获取信息及时应对突发事件的威胁。管理者基于数据识别潜在的突发事件，通过了解自己所处的环境，做出数据驱动的高质量决策。基于此，许多公司将数字技术集成到现有的业务实践中，并将大数据分析应用于战略决策。例如，麦肯锡咨询公司开展的一项企业调查显示，超过一半的参与企业表示新冠疫情导致它们将所有业务战略的重点重新围绕数字技术开展。与此同时，全球约 84% 的行业领先公司正在投资大数据分析。虽然突发事件中决策是企业应对危机的关键，但是数字技术在突发事件背景下赋能战略决策的机制仍然不清晰。因此，在突发事件频发的时代，有必要系统分析数字技术对智慧物流生态中企业战略决策的影响。

10.1　智慧物流生态中突发事件特点

"VUCA"时代的突发事件中,传统物流运作模式受到极大的限制,难以应对瞬息万变的行业环境。而智慧物流基于数字技术在应对突发事件中发挥了重要作用。智慧物流通过运用数字化技术,能有效解决供需信息差,实现快速运输与配送,能够有效解决突发事件导致的供应中断风险。基于自动仓储系统,智慧物流通过机器人完成上架、拣选、打包、贴标签等操作,实现无人化和智能化运营,缓解了突发事件引起的人员短缺问题。基于大数据、人工智能、物联网等技术,智慧物流实现了信息的实时获取,基于数据实现智能优化与应用,及时响应突发事件导致的连锁反应。智慧物流生态的智能化、一体化、柔性化和社会化特点,从根本上改变了各行业物流的运作模式,最终提升了运营效率和客户体验,并为企业提供了一站式解决方案,有效降低了物流成本,提高了物流效率。

当突发事件发生时,智慧物流生态中的企业需要快速做出决策,防止突发事件的影响扩大。例如,面对突如其来的新冠疫情,京东物流果断决策,及时采取措施发挥物流生态协同优势,驰援武汉。2020年1月20日,京东物流成立集团总部、华中区域、武汉当地三级联动的专项行动小组,并着手准备医疗物资配送工作。1月22日,京东发布《京东物流关于优先配送医疗机构指定订单的通知》,启动应急预案,设立物流专线,优先配送医疗订单。1月24日,京东物流仅用7小时将首批物资配送到医疗一线。1月25日,京东物流用时17小时将一批医疗物资从广州运输到武汉第四医院的仓库。1月26日,京东物流仅用11小时将一批医药品从江苏泰州运抵武汉。京东物流与疫情赛跑,快速决策,合理统筹,智能动态调配仓、运、配协同,将防疫物资快速运抵武汉。在疫情最为严峻的时刻,当其他物流企业纷纷因为疫情传播等原因停止运输时,京东物流依旧坚守在应急物流运输第一线。京东物流与供应商、生产商、分销商和零售商的高效协作,实现了物流生态的稳健运转。京东物流积极联合品牌供应商保证物资储备充足,积极联系核心生产商加急生产以补充货源,从而保证供应链的通畅运行。京东物流同时积极与铁路部门达成合作,在疫情期间能够保证应急物资的快速运输。京东物流应急系统在疫情中的优异表现离不开智慧物流生态的支持。在京东的内部供应链上,各个部门紧密相关,共同管理应急物资的采购、生产、仓储以及销售。京东物流用多年积攒的良好信誉和长远的投资眼光积极发展与各个核心品牌方的友好合作关系,保障了各类物资的持续供应,成就了巨大的经济和社会效益。

突发事件的特点是直接影响企业战略决策(Rapaccini et al., 2020),而事件系统理论为企业评估事件重要性和应对事件冲击提供了有效的分析框架。事件系统理论指出,事件的强度属性决定了事件对相关企业的影响程度(Morgeson,

2005）。而突发事件强度主要表现在事件的关键性与颠覆性方面。事件关键性反映
了事件在多大程度上需要企业优先应对，对企业目标的实现有显著影响。关键事
件往往会引起企业的重视和注意，并需要企业分配资源以应对。事件关键性指出
了优先响应事件的必要性，而事件颠覆性反映了事件对企业常规活动的颠覆和威
胁程度。颠覆性事件往往阻碍或改变企业正在进行的例行活动，并要求相关主体
进行调整和适应。由于突发事件难以有先例可循，企业不能依赖传统的分析和响应
模式。鉴于此，突发事件的颠覆性描述了突发事件在多大程度上破坏了企业业务
常规模式。突发事件的关键性决定了企业对突发事件响应的优先级。

10.2　智慧物流生态中企业数字化与突发事件处理

　　智慧物流生态中的企业数字化水平对于突发事件的及时响应有着重要意义。
传统企业在决策过程中需要人工搜集大量的信息以对问题进行界定、对备选方案
和决策效果进行评估等。这种人工搜集信息的方式比较耗时耗力，对突发事件响
应不及时。决策者易受到认知偏误、客观情境等因素的影响，加上其决策效果需
要在决策执行后才能得知，容易给企业造成误判和损失。在"VUCA"时代下，
传统的决策过程已经无法让企业适应新的商业环境。企业需要通过提升自身的数字
化水平，从而增强自身应对突发事件的能力（Jnr and Petersen，2020；Reuschl et al.，
2022；胡媛媛等，2021）。企业可以通过数字技术来自动、快速地搜集大量信息，
以提高决策效率和准确性。而通过数字技术对信息进行分析、提供备选方案甚至
在一些程序化决策中替代决策者进行决策，并在决策执行过程中利用数字技术进
行实时反馈，可以在一定程度上避免认知偏误等因素的影响，及时纠正决策失误，
以改善决策效果（Yu et al.，2022）。
　　业务数字化和数据分析能力作为企业数字化的主要表现形式，对突发事件处
理有着重要作用。业务数字化反映了业务流程被数字技术支撑（胡媛媛等，2021）。
业务数字化是将数字技术嵌入企业的各个业务环节（Jnr and Petersen，2020）。业
务数字化实现了智慧物流生态的可视化，帮助企业掌握自身及生态中的合作伙伴
的情况。业务数字化的优势是在各个业务环节产生了大量的数据，帮助企业从全
局的视角把握整个物流生态的信息。业务数字化能够帮助决策者及时发现企业内
部的经营风险，掌握企业之间的信息、资金、商品的流通情况（Lee et al.，2021）。
基于可视化工具来呈现物流生态上的关键经营指标，决策者能够通过清晰的多维
度图表发现整个物流生态的薄弱环节。业务数字化促使企业应用数字化管理工具，
实现企业内部和企业之间的数据信息共享，将多个部门或者企业之间的信息流打
通，完成资源的合理调配和平衡。业务数字化也加强了企业各部门之间的有效沟
通，提升了企业的响应速度（谷方杰和张文锋，2020）。特别是在面临突发事件时，

决策者能迅速评估物流生态上的相关企业所带来的影响，把控在应对突发事件过程中的各个阶段所出现的信息阻塞、资金短缺、商品积压等风险（Yu et al.，2022）。同时，业务数字化能有效避免信息在供应链上传播时的逐层失真等情况，达到及时纠偏的目的，清晰地掌握供应链上的资金情况，保证物流生态企业之间的资金通畅。业务数字化之后，企业将对整个物流生态的情况一目了然，辅助决策者快速、高效地进行决策。

虽然业务数字化为智慧物流生态获取海量数据提供了基础，但是企业及时处理突发事件往往依赖于数据分析能力。数据分析为危机时期的战略决策提供了新的机会。大数据分析的应用使企业能够处理大量数据，从而为应对危机的战略决策提供有价值的见解。大数据分析技术的广泛应用能够实现企业内外部数据的快速采集、整合与管理，通过对数据进行分析、挖掘、预测与优化来支持企业的计划、协同、监控与预警（Olan et al.，2022）。强大的数据分析能力是企业提升决策质量和加快决策速度的重要手段（Queiroz et al.，2022）。通过对企业大规模数据进行科学、合理的分析，企业决策者能够更清楚地掌控企业的经营状况，并找到决策的依据，提升决策的质量。数据分析能够优化公司的管理流程，疏通各项业务线的管理，使各环节的人责权划分更为清晰和合理，降低企业部门人员的冗余，使公司管理流程简洁化、实用化，从而提升决策效率。

10.3　数字化能力对突发事件决策的赋能机制

突发事件为智慧物流生态中的企业依靠业务数字化和数据分析能力进行决策带来了机会和挑战。一方面，决策者需要实时监测事件进展情况，为下一步战略决策做规划。因此，突发事件促进了业务数字化和数据分析能力在战略决策中的应用。另一方面，企业的战略决策场景转变为由突发事件所导致的难以预料的市场环境。这种转变为企业基于业务数字化和数据分析能力进行战略决策带来了挑战。因此，分析突发事件的特点如何影响业务数字化和数据分析能力在战略决策中的应用具有重要意义。

突发事件的关键性将强化业务数字化和数据分析能力对决策速度和质量的积极影响。危机期间的决策需要获取丰富的信息并有效利用。业务数字化反映了数字应用程序与现有业务流程集成的程度，能够弥补数字化和业务部门之间的缝隙，实现数字技术与业务的无缝对接。企业将数字技术嵌入业务中，可以收集和访问来自各种业务流程的信息，能够获得有关商业机会和威胁的丰富信息，进而利用这些信息支持数据驱动的决策（Rapaccini et al.，2020）。因此，当管理者认为应对突发事件的威胁至关重要时，他们往往会更加关注利用业务数字化来支持战略决策（Schiavone et al.，2021）。业务数字化支持企业实现内部部门的及时沟通以及与外部合作伙伴的合作，从而集中力量响应突发事件的冲击（单宇等，2021）。由于企业将数字应用程序嵌入生产和运营中，突发事件的关键性将促使企业基于业务数字化，以快速获取部门内部和部门之间业务流程的实时信息（Reuschl et al.，2022）。通过获取实时信息，企业可以在应对突发事件期间不断向管理人员更新现场业务信息。这对于企业做出快速、高质量的战略决策至关重要。此外，突发事件的关键性将促使企业基于业务数字化，使信息技术平台与智慧物流生态合作伙伴整合的信息流一体化。这种整合的信息流使企业能够获得整个智慧物流生态中的实时信息，从而使企业能够做出快速、高质量的决策。

类似地，突发事件的关键性也将强化数据分析能力在战略决策中的作用。数据分析能力反映了企业的大数据分析人员需要采用适当的工具、技术和流程来利用大数据辅助决策。大数据分析可以帮助管理者加深对业务的全面理解，以提高数据驱动预测的准确性，并提升应对突发事件的决策水平。当管理者感知到突发事件的关键性时，他们更有可能使用数据分析能力来改进战略决策。如果大数据分析人员拥有扎实的编程技能、数据库技能以及系统分析和设计方面的培训基础，他们在面临关键事件时，将在处理海量实时数据时发挥更积极的作用（Qi et al.，2021）。此外，突发事件的关键性将促使企业管理层依靠大数据分析来打破组织的孤岛效应，使企业能够跨职能部门交换和重组海量数据。这一举措能够让其他职能部门经理获得大数据分析的支持，从而可以快速交换和处理与决策相关的数据，并有效地做出高质量的决策（Kitsios and Kamariotou，2023）。因此，突发事件的关键性可以在决策速度和质量方面加强数字化业务融合对决策制定的影响。

然而，突发事件的颠覆性却会削弱业务数字化对决策速度与决策质量的影响。业务数字化建立在已有的业务惯例之上，极有可能被突发事件颠覆。业务数字化基于数字技术应用形成了标准化的内外部流程（Reuschl et al.，2022），从而使企业能够获取高质量的内外部信息。例如，业务数字化使企业各部门基于标准化信息系统共享信息。同时，业务数字化也支持企业通过标准化的供应链管理系统和客户关系管理系统与生态合作伙伴分享信息。在此背景下，突发事件的颠覆性越强，企业越不可能依赖现有标准化的惯例来开展业务活动。突发事件的颠覆性特征将使既有的业务运转和工作方式无法发挥作用。因此，业务数字化的优势将不复存在，甚至导致组织僵化，阻碍管理者进行高效决策。可见，突发事件的颠覆性将限制业务数字化在战略决策中的作用。

相反，突发事件的颠覆性将强化数据分析能力在战略决策中的作用。大数据人员的编程和数据库管理能力使企业能够汇集组织内外的数据流，并进行可视化。当决策者感知到突发事件的颠覆作用时，他们将基于可视化数据对组织内外部业务有更清晰的认知。决策者也将充分利用数据分析能力的支持进行决策（Ivanov et al.，2018）。此外，数据分析能力还加快了大数据分析的快速应用。在颠覆性的突发事件中，决策者能够依赖数据分析能力获取持续的支持。因此，当突发事件颠覆企业的业务惯例时，数据分析能力使企业能够快速基于数据分析，扫描、搜寻和探索可能的业务机会（Queiroz et al.，2022）。企业能够通过快速和高质量的决策应对颠覆性突发事件。

综上，当智慧物流生态面对突发事件时，企业应仔细评估事件的颠覆性和关键性，并利用不同的数字化能力进行决策。如果该突发事件具有关键性，则管理者应依赖业务数字化和数据分析能力产生的洞察力进行战略决策。业务数字化使企业能够从外部业务环境中收集实时、高质量的数据，并为企业提供实时决策的洞察力。数据分析能力使企业能够快速基于数据进行决策。但是，当突发事件具有颠覆性时，管理者应当区分业务数字化和数据分析能力的差异化作用。颠覆性突发事件为了打破现有业务常规，会阻碍业务数字化在战略决策中的作用。相反，数据分析能力在颠覆性突发事件中对战略决策依然有效。因此，面对突发事件的威胁，智慧物流生态企业需要充分识别事件的关键性和颠覆性，合理配置数字化能力，提升对突发事件的响应能力。

第三部分　智慧物流生态共赢机制

第 11 章　智慧物流生态中业务对象整合的价值创造模式

随着数字经济的发展和市场需求的个性化，行业竞争的格局发生了极大的转变——由原来企业间的竞争转变为智慧物流生态间的竞争。而智慧物流生态间竞争的关键是各生态合作伙伴间，如客户、供应商以及企业内部职能部门，要形成紧密的业务对象整合。这些业务对象整合是智慧物流生态实现良好绩效和巩固竞争优势的强有力武器（Ramaswamy and Ozcan，2018）。智慧物流生态的业务对象整合反映了智慧物流生态中的不同业务参与成员，如客户、供应商以及内部职能部门，合作管理组织间业务的程度。业务对象整合以其战略性、系统性、集成性、优化性等特点，统筹协调智慧物流生态中成员的资源，强调智慧物流生态的整体绩效最优化，开拓了智慧物流生态价值创造的新局面（Lamba and Singh，2018）。

智慧物流生态的业务对象整合使企业能够基于紧密的合作关系，提升物流生态中的信息流、物料流、产品流，进而对整个生态产生深远影响。首先，智慧物流生态的业务对象整合将提升整个生态中的信息流。业务整合消除了跨部门、跨企业、跨行业之间的信息沟通障碍，能够通过 RFID 等技术实现物流信息的高效采集，从而推动物流业务流程的标准化管理，促进不同信息系统之间的对接与信息的交换，进而加快智慧物流生态的成员信息的互融互通。其次，智慧物流生态业务对象整合将提升整个生态中的物料流。业务对象整合促进物流生态的共享与合作，深化成员的专业化分工，使物流生态中的所有成员的资源能够形成互补优势。智慧物流生态使资源得到充分利用，又避免了重复投入和建设，最终提升整个生态的资源使用效率。最后，智慧物流生态的业务对象整合将提升整个生态中的产品流。通过与物流生态内的其他成员进行整合，企业可以充分了解新产品的开发进程、库存水平、销售情况等，有助于企业制订生产计划并及时提供产品和服务，缩短产品生产周期。

尽管业务对象整合对智慧物流生态价值创造有积极影响，但业务对象整合是一个多维概念，涉及多个整合对象，价值创造的机制存在显著的差异（Zhu et al.，2018）。探究业务对象整合的整体效应可能导致对业务整合和智慧物流生态价值创造之间的关系的认知混乱。为了细化智慧物流生态业务对象整合和价值创造间的关系，拓展学术界和企业界对智慧物流生态业务对象整合在改善生态绩效中的作用的了解，需要系统分析智慧物流生态中不同业务对象整合对价值创造产生的差异化影响。

根据智慧物流生态业务对象整合的差异，业务对象整合可以划分为内部整合、供应商整合和客户整合。内部整合是智慧物流生态中的企业为实现相互协作和同步以满足客户的需求而将内部业务部门的过程、实践和行为紧密连接。供应商整合是智慧物流生态中的企业与主要供应商合作管理组织间的运营流程，如智能信息共享、合作规划和联合产品开发。客户整合反映了智慧物流生态中的企业与客户的信息共享和合作程度。内部整合、供应商整合和客户整合在价值创造机制上具有显著的差异。

11.1　智慧物流生态中内部整合的价值创造

智慧物流生态中企业的内部整合是业务对象整合的基石，是推动生态价值创造的重要驱动因素。内部整合侧重于企业内部各职能部门的整体协同与信息共享。智慧物流生态对企业的内部运营效率提出了更高的要求，需要企业以物流部门为中心，与各职能部门实现无缝沟通协调，确保企业的信息流、实物流、现金流的畅通，为企业在生态中做出明智决策，并对外界变化快速反应奠定基础。

首先，内部整合可以实现企业部门间的资源共享，提升物流运营效率。智慧物流生态中的企业一般主要有采购、物流、生产、销售和服务等部门，不同部门之间的信息、物资、人力和知识资源往往是分散的。基于内部整合，企业内部不同职能部门间可以共享企业内部各种资源，实现跨职能部门间的资源优势互补，促使企业形成有价值、较稀缺和难以模仿的资源优势（Shee et al.，2018）。同时，内部整合能够增加企业协调内部资源的手段和方式，发挥组织内部资源效益的最大作用，有效提高物流运营效率，减少物流协作成本，缩短交付周期。例如，通过与销售和采购部门的整合，生产部门就可以减少大量不必要的零部件和产成品的库存，也可以更准确地安排运输，缩短存货周转周期，进而实现整体物流运营效率的提升。

其次，内部整合能够帮助物流部门打通全链路信息流，以更好地满足智慧物流生态的客户需求。内部整合实质上是组织内部各部门间通过信息共享，实现跨部门的战略协同与共同运作，是把组织内不同部门作为一个整体，通过提升企业的制造柔性、交付和物流效率，加强企业的客户服务能力。现代管理理念下的客户服务已不再只是市场部门的职责，而是要求整个企业所有部门通力合作，为客户提供高质量的服务。内部整合促使各部门间实现信息共享和协同运作，帮助企业全面掌握客户偏好和需求变化趋势，及时为客户提供合适的产品和服务，从而实现服务绩效的提升。物流部门通过内部整合，可以更为实时地了解客户的仓储和运输需求，从而能提前做好规划，更精准地为客户提供服务，从而保证客户服务质量。

最后，内部整合能够帮助企业形成良好的协作氛围，减少物流部门对接其他部门时遇到的阻力，从而实现整体的降本增效。企业内部采购、物流、生产、销售和服务等部门的互动和整合能够形成良好的企业文化氛围，增强职能部门间的凝聚力，加深部门之间的理解与协作。而物流部门作为企业内部连通各职能部门的桥梁部门，更需要一个良好的协作氛围以减少沟通中的摩擦成本。这种企业软实力不但有利于跨组织问题的协商和解决，而且能够降低部门间的协调成本，削减管理费用，调整低效的工作方式，减少资源浪费。因此，内部整合使企业获得了高效的成本控制优势，通过改善运作效率，实现企业绩效的提升。

11.2　智慧物流生态中供应商整合的价值创造

供应商是智慧物流生态中的重要利益相关方，因而供应商整合在生态的价值创造中扮演着重要角色。智慧物流生态要求企业与供应商在统一的操作标准上，实现基于数字化系统的实时协作，从而打通信息链路，实现全生态要素的快速流转与实时反应。良好的供应商整合能够使相关企业共享产品需求、生产排程、库存状态等信息，并通过共建与共享大数据分析工具对市场需求进行动态预测与实时监控，从而快速调整生产以解决可能存在的库存问题（宋光等，2019）。与此同时，供应商整合也代表了企业间的密切协作和互利互信，信息共享与业务协同需要建立在充分互信的基础上，才能实现价值共创（Chaudhuri et al.，2018；Flynn et al.，2010）。

首先，良好的供应商整合有助于实现智慧物流生态运营效率的整体提升。供应商整合使企业与其供应商共享需求、生产和库存等信息。这些活动和实践都可以提高企业和供应商互动和沟通的频率，增进双方的互信，缩短产品循环周期，提高其快速反应的能力（Wong et al.，2021）。在智慧物流生态中，越来越多的供应商参与到物流协作的开发设计及企业物流过程的改进中。物流业务开发是企业维持和发展竞争能力的一个重要途径，供应商早期密集地参与到物流业务开发过程中，被认为是提高物流效率、提升物流质量和缩短物流周期的重要途径。而供应商参与在物流业务过程改进中同样扮演了重要的角色（Liu et al.，2021）。供应商通过向企业反馈物流优化意见，推荐更具柔性的物流部署建议，使智慧物流生态中的企业有效减少了不必要的物流设备投资成本。供应商参与使供应商和企业形成一个整体，企业在关注自身能力提高的同时，也越来越重视帮助其供应商提高绩效。智慧物流生态中的企业对其供应商物流运营资本及设备进行投资，或者直接参股，使这些供应商能够得到大量的资金支持，从而增加供应商的竞争优势。另外，从技术转移的角度，供应商参与使企业能够通过实施物流技术、知识转移的策略，将先进的物流实践实施到供应层面，以提高供应商的物流运营绩效。基于供应商整合，智慧物流生态中的企业通过物流交流合作中存在的问题、当前的需求以及对市场的感知，协调互相之间的合作，实现整个生态的运营效率的大幅提升。

其次，供应商整合有助于提升智慧物流生态的服务绩效。供应商整合使智慧物流生态中的企业可以了解供应商的生产进程、物流数据、突发事件等，而供应商可以了解企业新产品的开发进程、库存水平、销售情况等。整合的双方可以共同制定目标、协商库存水平，提升供应链准时交货率和存货周转率。供应商整合使供应商能够深入了解企业的需求，更好地满足企业需求，有效地助力企业提升客户服务水平。例如，供应商参与新物流业务开发、供应商管理库存和供应商交付零配件等供应商整合措施的实施，使智慧物流生态中的企业能够借助供应商的资源，优化客户服务能力，提高客户的满意度，最终实现服务绩效的提升。

最后，供应商整合促进了智慧物流生态企业的财务绩效。智慧物流生态中的企业与核心供应商进行战略协作，建立紧密的伙伴关系，可以在一系列业务问题上进行沟通与合作，以实现共赢。企业与供应商进行整合，开展稳定持久的合作，有利于使双方在频繁的物流协作中增强信任感，坚持长期导向，着重合作的长远利益（Chen et al.，2018）。一方面，供应商整合有利于智慧物流生态的企业降低成本。供应商整合使企业能够在供应商供货过程中获得一个相对有效的物流服务，缓解原材料整体物流成本上涨带来的风险，从而降低采购成本。供应商整合也加快了信息在供应链中的流畅传递，使企业可以制订即时采购计划，将采购需求及时传递给供应商，从而实现少批量、多批次的原料采购，在一定程度上降低智慧物流生态中的企业的库存和物流成本（Munir et al.，2020）。同时，与上游供应商进行战略性的物流规划和流程优化，可以有效降低原材料的运输、装卸搬运以及仓储保管等费用，降低了智慧物流生态中的企业的物流成本。此外，供应商整合通过促进智慧物流生态中的企业间稳定流畅的业务配合，提升了原材料的准时交货率，进一步缩短了生产周期，从而使企业可以在市场上获得相对成本优势。

另一方面，供应商整合有利于企业进一步扩大营业收入。在市场需求不断变化、科学技术日益更新的当下，通过与供应商进行整合，智慧物流生态中的企业可以学习供应商的互补性知识，并积极引导供应商参与物流业务创新活动，协同研发设计物流产品。供应商整合有利于智慧物流生态中的企业与供应商协商原材料、元器件等源头部件的物流交付方式，实现与市场需求的快速匹配，并为企业提供更多关于原材料和元器件的详细信息和技术支持，缩短物流业务的研发周期，提高物流业务研发成功的概率。基于供应商整合，企业可以提高物流业务的创新性，加快物流业务开发速度，获得先手优势，抢占市场份额（Jajja et al.，2018），扩大营业收入。基于供应商整合推出创新性的物流产品，还有利于企业提高产品的溢价,提高销售收入回报率。例如,华为、小米、OPPO 和 vivo 等手机厂商,通过与生态中的供应商整合,积极开发新物流业务,提高了新产品成功率,实现了营业收入的大幅增长。总体来说,智慧物流生态中的供应商整合给企业和整个生态带来了财务绩效的大幅提升。

11.3　智慧物流生态中客户整合的价值创造

智慧物流生态中的客户整合对于价值创造有重要意义。在智慧物流生态中,客户是企业服务的对象,也是其创造价值的关键所在。客户企业也是更加贴近市场终端消费者的主体,它们能够更好地把握市场的变化与消费者的需求,从而提升智慧物流生态中其他企业对市场的敏感度,从而将最新的需求信息与趋势向供应链上游传导,提升供应链与市场的适配程度。智慧物流生态中的企业需要与客户企业实现良好的整合,从而及时获取市场终端需求,提升产品研发的针对性,并将物料需求传导到上游企业,以提升生态的整体效率与价值(Hahn,2020)。

首先,智慧物流生态中的企业与客户之间的信息共享可以使企业获得较为精确的客户物流需求和偏好信息(Chen et al.,2018)。客户物流需求和偏好反馈是一种重要的资源,有利于企业优化物流运营方式,提升物流运营绩效。在新物流产品开发中,客户物流需求和偏好反馈有助于企业新物流产品创意的产生以及实现物流产品的概念化。越来越多的企业通过客户整合,将客户代表纳入新物流产品开发团队之中,使智慧物流生态中的企业能够更快速地完成物流产品设计的决策和物流服务选择等过程。另外,客户参与到物流产品测试中使企业能够较早地发现物流产品的缺陷,最大限度地减少重新设计及运营带来的损失。基于客户整合,智慧物流生态中的企业还能够获得客户在物流产品使用过程中的经验和知识,为未来的物流产品改良和优化提供宝贵的参考意见。此外,客户整合还能够帮助智慧物流生态中的企业准确地做出需求预测、制订合理的物流计划,以快速响应市场,减少因不匹配的物流计划导致的库存过多或缺货现象,进而提高运营绩效。

其次,客户整合将有助于智慧物流生态内的企业及时而敏锐地感知客户需求及其变动情况。客户整合有助于企业快速抓住物流市场机会,准确获取市场需求信息,从而改善自身的物流产品和服务质量,提高客户满意度(Chen et al.,2018)。在市场经济不断发展完善的今天,客户追求个性化和差异化的趋势越来越明显。客户主动参与物流产品设计和服务过程的意愿也越来越高。而客户整合使企业与客户共同生产物流产品和服务,提高客户的参与度。智慧物流生态中的企业可以将物流服务贯穿于客户开发、初期技术咨询、订单承接、产品安装调试及售后服务等与客户交互的全过程,有利于提高客户满意度、培养客户忠诚度。此外,智慧物流生态中的企业通过对参与其中的客户进行调研,可以获得物流产品设计、产品质量和表现等方面的信息反馈，使企业以更低的成本和更快的速度响应客户需求，改进服务水平，从而提升服务绩效。

最后，客户整合有利于企业降低物流成本、提高收入、提升财务绩效。一方面，与客户进行整合，有利于智慧物流生态中的企业进行战略性的物流规划和流程优化，可以有效降低产品的运输、装卸搬运等费用，降低企业的物流成本。同时，智慧物流生态中的企业与客户之间稳定的业务往来，有利于增强双方之间的信任关系，从而能使企业减少对老客户在产品推广等方面的支出，在一定程度上降低企业的销售成本。通过积极的客户整合，企业可以实现信息在下游供应链之间的高效传递，有利于智慧物流生态中的企业根据客户的需求信息调整生产计划，减少企业因信息不畅造成的额外支出及无效的物流产品开发，减少不必要的生产资源占用，提高产品的周转速度，降低生产成本。总之，客户整合有利于智慧物流生态中的企业在成本优化方面取得一定的优势。另一方面，企业与下游客户形成较为稳固的长期合作关系，客户资源不易流失，可形成一定的市场壁垒，有利于企业获得较为稳定的销售收入。创新是推动高新技术企业发展的原动力，与客户进行整合，有利于企业与客户形成良性的研发互动，就物流产品的内涵和形式等进行意见交流，在后续物流产品设计中注意满足客户的个性化需求，巩固和提高企业在市场上的领先地位，满足客户的服务需求，从而促进企业市场份额和销售收入的增长，有利于企业获得正向的收入效应。企业与客户的深入整合还有利于客户信息在决策层、技术层和生产层之间进行快速和有效的传递，使企业积极配合客户开展新物流产品的研制开发，并在此基础上进行前瞻性的物流技术研发和布局，有效挖掘市场深度，积极开拓新领域、新客户，使企业在物流产品推广方面占据优势。因此，智慧物流生态中的客户整合是提高企业财务绩效的重要手段。

第12章　智慧物流生态中流程整合的价值创造模式

　　智慧物流生态的流程整合是整个生态创造价值的基础，其内容主要包括智能信息整合、智能规划同步、智能运营协作和战略伙伴四个维度。智能信息整合反映了智慧物流生态中的成员间通过数字技术实现信息分享与流通的程度。智能规划同步反映了智慧物流生态中的成员联合起来，通过数字技术实现同步规划物流流程的相关活动。智能运营协作是智慧物流生态中的成员通过数字技术实现运营相关活动的流线化和自动化程度。战略伙伴是智慧物流生态中的成员之间为共同的战略目标而形成紧密的长期关系。

　　不难看出，流程整合能够对企业绩效产生正向影响。相比传统物流协作，智慧物流生态可以使企业实现低成本、大信息容量、实时数据和广泛部署的平衡问题，其流程整合能更有效地帮助企业减少不必要的流程变动，并削减冗余、无价值的流程活动，从而提升生态企业的运营绩效。此外，智慧物流生态的高度流程整合能够帮助企业有效满足核心客户的需求，包括定制化的物流服务需求以及新物流产品的推广等。同时，由于数字技术在智慧物流生态中的运用，生态中的企业能通过数字驱动的流程整合来实现运营绩效的改善，以加快市场反应速度、缩短订单处理时间、深化新市场渗透战略。企业还可以通过无缝衔接的流程快速满足客户的需求，并有效应对客户产生的投诉，以改善其客户服务质量，提升市场绩效。另外，智慧物流生态中的流程整合可以改善企业的财务绩效。这主要是因为企业的智慧物流生态中的流程整合强度与减弱供应链中的"牛鞭效应"有着紧密的关系。它帮助企业增进了对供应链伙伴的了解，从而避免了由于信息不对称和缺乏相互协作与信任而导致的资源配置失当。同时，由于智慧物流生态本身具有的实时、低成本、自动化等特性，企业在生态中实现流程整合后，可以在很大程度上降低整个物流中与交流、交易、库存和物流相关的成本，从而极大地提升其财务绩效。也就是说，智慧物流生态中流程整合的高低往往会决定企业可以在多大程度上通过提高效率、优化资产利用率、改善资产回报率来实现其财务绩效的提升。但同时，因为流程整合自身具有不同维度，且每个维度存在内涵和特质上的差异，其在价值创造中的作用会存在一定的差异。因此，本章将对其进行详细讨论。

12.1　智慧物流生态中智能信息整合的价值创造

在当今竞争激烈的环境中，智慧物流生态的信息实时交换与传输尤为重要。企业物流绩效的改善取决于其能否与所处生态的各成员在实时基础上获取并分享信息。由此可知，智慧物流生态中的智能信息整合对全生态的价值创造有着重要意义（Núñez-Merino et al.，2020）。

首先，智能信息整合对提升企业运营绩效至关重要，它能够显著促进产品运输、新市场拓展及新物流产品与服务的推广。就智能信息整合而言，它与企业运营绩效的关系会因智慧物流生态所具有的开放性、实时性和大信息量而变得更为明显。通常情况下，企业的运营绩效往往表现为其快速和高效地感知和应对物流需求与市场竞争的变化。由于智能信息整合能为企业提供实时的和大容量的信息，从而使经过信息整合后的企业能比一般情况下更快速而有效地应对物流需求和市场竞争的变化。也就是说，智能信息整合有助于智慧物流生态内的企业感知和应对环境变化。企业可以充分利用实时、准确的海量信息，分析企业市场环境变化情况，及时而敏锐地感知客户物流需求的变动，以把握市场先机。

其次，智慧物流生态中的智能信息整合所具有的开放性、多元性和实时性将有助于企业及时而敏锐地感知客户需求及需求变动。智能信息整合使企业能够打破"信息孤岛"，实现数据的汇集，提高数据质量。高质量的数据为应用大数据分析提供了必要条件。智能信息整合为大数据分析提供了前提条件，帮助企业优化物流决策质量，加快物流决策速度。企业可以基于大数据分析结果，及时选择应对市场变化的对策。这将使它们可以第一时间发现物流中存在的与客户需求相关的问题，而这对于改善客户服务质量、提升客户满意度非常重要。另外，客户一般都希望能随时随地获取与他们的特定需求和兴趣相关的信息。而智能信息整合可以打通数据在各环节的流转，使企业能够了解客户的定制化需求，从而满足他们的需要。智能信息整合使企业能实时地在网络上发布与其物流服务和客户投诉处理相关的信息，使客户能在第一时间得到这些信息，进而提升客户满意度。

最后，智慧物流生态中的智能信息整合的低成本特点使其可以最大限度地减少企业信息技术和人力资源相关方面的投资，从而减轻企业的财务负担。同时，智能信息整合能够有效消除智慧物流生态内存在的信息不对称问题，帮助企业最大限度地减少物流业务处理过程中所涉及的交流和交易成本。智能信息整合所基于的开放式交流平台也帮助企业最大限度地减少了业务处理过程中所涉及的交流和交易成本。另外，智能信息整合带来了信息透明化，这种透明的信息流转不仅降低了客户需求的不确定性，也使企业更容易寻找到更具价格优势的供应商，从而降低其采购、物流和服务的成本。智能信息整合促进了智慧物流生态内新物流产品创意、流程优化方式和市场竞争信息的交换，有助于企业进行物流产品创新、流程创新和商业模式创新。创新驱动智慧物流生态实现能力更新升级，不断提高市场竞争力，从而维持长久的竞争优势。

12.2　智慧物流生态中智能规划同步的价值创造

智慧物流生态中的智能规划同步意味着生态中的企业已经就其未来的物流活动达成了一定共识。这些活动涵盖计划、预测、补货和设计等物流业务的各个环节。企业之间在这些活动中达成的共识，能够通过以下方式对企业绩效产生影响。

首先，智慧物流生态中的智能规划同步使企业有机会与生态中的合作伙伴为共同应对市场的不确定性做预先准备，如可以预先汇集和部署相关资源，从而提高自身的应对能力。同时，智能规划同步让企业省去了很多在实际应对环境变化时可能会遇到的非必要的协商过程，这将大大提高企业间交流的效率，节省了交流时间，从而提升其应对速度。对外界环境的快速应对是改善企业在智慧物流生态中的运营绩效所不可或缺的必要能力。

其次，智慧物流生态中的智能规划同步意味着企业已经和客户就特定的业务处理流程达成了共识，如物流需求管理、新物流产品介绍以及服务规划等。这种共识使企业可以比较准确地预测客户需求，并预先为应对这一需求做准备。基于智能规划同步，合作伙伴可以根据需求预测情况，预先汇集和部署采购、库存、生产和人员等相关资源，为把握市场机会做准备。同时，同步后的规划能够使智慧物流生态内的合作伙伴具有较高的沟通效率，消除多轮反复协商过程，缩短响应市场的时间。同时，规划的同步性也使客户可以预先根据共同规划的改变来调整自己的行为和策略，从而减少可能的冲突和抱怨，并最终改善企业的客户服务质量。

最后，智慧物流生态中的智能规划同步有助于企业通过消除与生态合作伙伴间的分歧和减弱"牛鞭效应"来改善其财务绩效。智能规划同步有助于智慧物流生态中的合作伙伴在响应市场需求的过程中消除分歧，减少可能的关系冲突，迅速基于市场变化联合采取应对措施。通过同步地调整彼此关于需求、供应和运输的规划，智慧物流生态合作伙伴往往可以降低库存水平，提高库存周转率，从而降低库存成本。因此，通过高同步性的共同规划，企业可以优化其库存水平，提高库存周转率，从而降低库存和物流成本，并最终改善现金流转状况，提升其财务绩效表现。

12.3　智慧物流生态中智能运营协作的价值创造

智慧物流生态中的智能运营协作包括各运营主体在物流中涉及采购、补货、付款、服务变更和联合服务设计多个业务流程的业务合作与协同。当企业使用数字化手段进行这些业务流程的共同协作时，会提升整个物流的成本效率、速度、可靠性和准确性（Tönnissen and Teuteberg，2020）。智能运营协作会通过以下方式为生态中的企业创造价值。

首先，智能运营协作可以通过在整个生态中实现工作流的流线化和自动化来改善生态的运营绩效。这可以帮助企业克服传统运营协作中存在的耗时和易错的局限性。因此，当企业通过智能运营协作将其整个物流服务流线化和自动化之后，它们就可以非常快速而准确地应对外在环境的不确定因素。具体而言，智能运营协作基于数字化技术实现自动化运营，克服了人工操作可能导致的时间浪费，消除了物流运营中的易错环节。企业能够在线处理海量、复杂的物流业务，优化运营流程，提高整个生态的运营效率。因此，基于智能运营协作，智慧物流生态可以进一步节约企业的物流运营成本以及交易成本，加快资金流转，提升财务绩效（Pettit et al.，2019）。

其次，企业的客户服务质量也会通过智能运营协作而得到改善。智能运营协作为客户提供了一个可以与企业自动实现复杂的在线流程的平台。该协作模式使客户能不受时间和地点的限制，便利地追踪和查询其物流业务的进展。这让客户能够实时监测物流运营情况，从而帮助运营企业减少不必要的失误和拖延，并使之能及时纠正失误和处理客户投诉。因此，合作伙伴间的智能运营协作使智慧物流生态能够快速、灵活地提供物流产品，满足客户多样化的需求。

最后，智能运营协作也可以改善企业财务绩效。由于智能运营协作实现了运营自动化，企业可以在线处理一些复杂的业务，从而可以帮助其减少许多特定的人力和物力的投资。例如，企业无须通过设立特定的办公机构或代理来处理订单和客服需求。同时，运营的自动化克服了人工操作可能导致的费时和易出错的缺点，从而提高了整个物流运作的效率。这可以帮助企业改善其资金流，并最终提升财务绩效。另外，智能运营协作提升了智慧物流生态中企业快速把握市场机会的能力。合作伙伴间的联合可以快速解决新物流产品开发中遇到的技术难题，加快新物流产品开发的速度和创新性，帮助企业快速抢占市场。这将促进企业在智慧物流生态中通过资源共享来发挥资源协同优势，促进业务发展，实现财务绩效改善。

12.4　智慧物流生态中战略伙伴的价值创造

战略伙伴反映了企业间存在的具有预见性的、合作的、双赢的、长期的相互关系。企业可以在这一关系中为改善整个智慧物流生态的整体绩效而共同努力，并为了持续改善相互的协作关系彼此承担义务。

首先，由于数字技术的支持，智慧物流生态中的企业往往可以突破传统的物流协作对合作伙伴规模的限制（Kamble et al.，2021；Kouhizadeh et al.，2021）。企业可以在一个广阔的合作生态中选择那些满足自身偏好、具有互补资源的企业展开合作，而不用再考虑这些企业的规模。通过与这些生态合作伙伴建立战略伙伴关系，企业将会更容易与战略伙伴在物流协作中广泛汇集和部署互补资源，从而能更为有效地开拓新市场，促进新物流产品和服务的推广，从而改善其自身的运营绩效。

其次，智慧物流生态中的战略伙伴的建立也意味着合作双方建立起了共同价值观。拥有共同价值观的生态合作伙伴会与企业一起将改善整个物流绩效作为它们的联合目标，并承诺将自有的互补资源投入实现该目标的过程中。例如，战略伙伴关系有助于企业以较低的物流价格获取高质量的物流服务；联合技术攻关，促进技术创新和新物流产品开发；提高生产效率，加强物流产品交付的可靠性和灵活性；开拓新细分市场，维持竞争优势。在这种情况下，企业将能最大限度地从其战略伙伴处得到提升自己绩效（包括运营绩效、客户服务绩效和财务绩效）所需的资源。

最后，由于战略伙伴关系的建立，智慧物流生态中的企业间形成的共同价值观和责任感使企业间的冲突得以减少，从而使企业能充分获取战略伙伴的互补资源，并改善绩效。换句话说，在企业为智慧物流生态的整体绩效奋斗时，由于其具有良好的战略伙伴关系，企业自身的绩效也会因为伙伴的帮助而得到很大的改善。另外，企业间的长期协作关系可以改善企业的财务绩效。这是因为长期的协作关系能帮助企业降低与生产和运输产品及服务相关的成本。因此，战略伙伴关系有助于发挥智慧物流生态中的资源协同效应，实现价值共创。

第13章 智慧物流生态中数字化能力的价值创造模式

随着企业数字化转型的深入，数字化能力成为企业在智慧物流生态中实现高效的变革管理所不可或缺的能力（Bharadwaj et al.，2013）。基于数字技术推动企业智慧物流生态中合作伙伴间的战略合作与协同创新，正成为实现智慧物流生态价值创造的首要任务。与此同时，智慧物流生态体系基于数字技术来推动一体化、集约化、标准化、绿色化的发展模式也成为国家供给侧改革的先行军和经济发展的新增长点。近年来，日日顺、京东、顺丰等企业依托数字技术打造了智慧物流生态圈，大幅提升了物流速度。此外，云计算、大数据、物联网等数字技术的投入应用，促进了信息的广泛与高效流动，实现了信息更大体量、更宽范围的分享和使用，降低了信息处理成本。智慧物流所运用的先进数字技术就像一条纽带，将智慧物流生态中的所有成员和各个环节紧密联系在一起。这些先进的数字技术消除了跨部门、跨行业、跨企业间的信息沟通障碍，推动了物流业务流程的标准化管理，促进了不同信息系统之间的对接与信息的交换。因此，大数据、物联网、云计算、智能机器人等数字技术作为智慧物流发展的根基，使企业智慧物流生态能够实现更高的可见性和更好的协作，为企业智慧物流生态的价值创造提供了先决条件和坚实的基础（单宇等，2021）。

尽管数字技术在促进智慧物流生态的价值创造方面蕴涵着莫大的潜力，但是企业如何基于数字化来促进智慧物流生态价值创造的机制却尚不清晰。在智慧物流生态中，数字技术的使用能够加强智慧物流生态链间的联系，从而通过加快决策进程和促进沟通来实现智慧物流生态的价值创造（Wielgos et al.，2021）。在实际应用中，许多企业，特别是中小企业，虽然已经开始使用数字技术，但是仍然难以获取数字技术的红利，无法实现数字技术在智慧物流生态的价值创造。数字技术的作用依赖于企业应用数字技术的能力，而数字化能力往往是通过激活更高阶的业务能力影响企业智慧物流生态价值创造。鉴于数字技术的应用和普及，数字化能力可以被概念化为一种低阶能力，它能够通过影响企业的高阶业务能力，如吸收能力或者市场响应，影响企业智慧物流生态的价值创造。

13.1 智慧物流生态中的数字化能力

智慧物流生态中的数字化能力指的是智慧物流生态中的企业部署、整合和应用数字技术资源来满足业务需求和利用业务机会的能力。数字技术，包括云计算、大数据、物联网等的广泛应用，促进了企业的业务模式、组织架构和客户体验的数字化。这个趋势已经使数字化能力成为企业在当前环境下得以生存和发展的基本要求。根据智慧物流生态管理的需求，数字化能力主要有两种分类。

首先，基于业务应用视角，数字化能力可划分为数字化柔性和数字化协同（Chaudhuri et al.，2018；Dubey et al.，2021）。随着市场不确定性的增加，企业往往将数字化柔性视为获取竞争优势的关键能力。数字化柔性是企业精心规划和开发的数字技术基础，以构建现在和未来的数字化应用程序。数字化柔性使智慧物流生态中的企业能够及时根据市场变化调整数字技术基础设施，满足不断更新的市场需求。但是，数字化柔性并不足以维持企业的竞争优势，企业往往需要实现数字技术与业务流程高度协同，才能实现数字技术的价值。数字化协同是在业务流程中扩散和应用数字化应用程序的能力。数字化协同已经成为支持企业边界内外业务流程的必要条件，决定着数字化应用的价值。数字化协同要求企业制定硬件和软件系统的统一规则和标准，以确保数字化平台的兼容性。业务部门之间通过系统共享标准化的数据，其信息系统组件的组织和集成方式也是按照快速变化的需求来设置的，因而信息系统是高度模块化的。数字化协同是指企业在业务流程、功能领域、运营流程和日常管理中广泛运用数字化应用程序的能力（Dubey et al.，2021）。数字化柔性和数字化协同是企业有价值的、稀缺的和难以模仿的资源，管理者应该将创建数字化柔性和数字化协同作为智慧物流生态的价值创造中的关键能力。

其次，基于跨组织信息系统结构视角，数字化能力分为数字化整合和数字化重置（Bai and Ran，2022）。数字化整合是指企业整合与合作伙伴间的数据、通信技术以及交易和协作应用程序的能力。数字化整合反映了企业与智慧物流生态合作伙伴数字技术基础设施的紧密连接，能够推动企业实现与合作伙伴的智能信息分享、活动协调和流程整合。数字化整合反映了企业的平台可以无缝连接合作伙伴的系统，可以与合作伙伴交换实时信息，并能方便地集合来自合作伙伴的数据库的相关信息。数字化整合是智慧物流生态整合的重要部分。要实现数字化整合，企业智慧物流生态合作伙伴必须解决数据结构和语义上的不同，使数据交换和流程协作的标准一致，并整合硬件平台、通信技术和应用程序。数字化重置是企业拓展和重组与合作伙伴间数字化资源的能力。数字化重置反映出企业的数字化系统是否容易通过调整来增加新合作伙伴、是否易于扩容去支撑新应用或新功能。它还反映了企业的数字化系统使用的标准被大多数现有的和潜在的合作伙伴所接受。数字化重置依赖于数字技术基础架构模块化设计以及应用程序接口的标准化，它能够使企业灵活调整数字化基础设施架构，与现有的和新的合作伙伴进行动态协调。数字化整合和数字化重置是两种互补的数字化能力，不但能使企业与现有的物流生态合作伙伴深化合作，也使企业与新生态合作伙伴快速建立联系。

数字化能力能够从多个方面发挥其价值。一方面，数字化能力是一种组织学习机制，帮助企业获取、同化和应用组织内外部知识。数字化能力通过加快信息获取和传播的速度，帮助组织成员更好地理解信息并进行知识的存储和检索，从而促进了企业的学习进程。另一方面，依据能力层级理论，数字化能力是一种低阶能力，能够提高包括知识管理能力在内的多种企业急需的高阶动态能力。基于能力层级理论，企业能力可以被概念化为一个层级结构，低阶能力可以发展为高阶能力，最终实现企业价值创造。数字化能力作为基础的低阶能力，能够支持企业的各项业务流程，并协调利用企业内各部门的资源。

吸收能力和市场响应被认为是促成卓越的企业绩效的关键高阶能力。吸收能力和市场响应都被广泛定义为使企业能够利用现有低阶能力发展而来的高阶能力。企业的吸收能力反映了组织识别、转化和利用新知识的一系列日常程序和流程。吸收能力促使企业基于以往的知识、有效的学习机制和丰富的沟通媒介产生全新的市场知识。吸收能力是在知识竞争中实现知识创造和利用的重要动态能力，帮助企业获取和维持竞争优势。通过有效地定义和配置组织知识基础的资产，高吸收能力的企业更容易进行组织变革，以重塑运营能力、提高绩效。吸收能力强的企业更有可能利用智慧物流生态中的客户、供应商和其他物流合作伙伴，获取广泛的新知识，并将新知识应用于识别市场中的商业机会。例如，通过吸收能力，企业可以有效地获取客户偏好、技术创新、行业政策等方面的新知识。这类知识的获取将帮助企业感知环境的不确定性，了解市场趋势，抓住市场机会，从而增加市场份额和提高盈利能力。此外，吸收能力保证了组织内有效地进行知识加工，促进企业建立正式和非正式知识共享网络，加快不同职能部门之间知识的广泛传递。因此，企业可以有效地学习如何应用新知识来重新设计其物流流程，改进其物流产品和服务。与此同时，市场响应反映了智慧物流生态迅速应对市场变化而联合执行物流运营实践的能力。智慧物流生态中的企业需要与合作伙伴协作完成物流活动并应对市场波动以获取竞争优势。市场响应要求智慧物流生态中的供应商、制造商、分销商、仓储部门、物流服务商等维持紧密协同的关系，从而构建互补性资产，开发知识共享惯例，以联合应对市场变化。市场响应通过促进信息整合达到了应对市场变化的目的。智能信息整合提高了智慧物流生态的可视性，并使生态企业能够实时感知物流市场的变化，从而减少需求不确定性导致的威胁。此外，市场响应使企业能够与智慧物流生态合作伙伴就物流计划和业务流程进行协调。这种协调减少了智慧物流生态中可能的冲突和机会主义行为，激励智慧物流生态中的参与方共建资源，提高产品和服务交付的效率。市场响应不仅使企业能够改善日常运营状况，还有助于降低成本、提高盈利能力。

13.2　数字化柔性与数字化协同在企业智慧物流生态中的价值创造模式

13.2.1　数字化柔性在企业智慧物流生态中的价值创造模式

数字化柔性要求企业建立一整套数字技术基础设施架构，作为数字化应用发展的基石（Chaudhuri et al.，2018）。具体来讲，数字技术基础设施包括计算平台、通信网络、关键共享数据和核心数据处理应用程序。数字化柔性反映了数字技术基础设施组件之间的连通性、兼容性和模块化的程度。连通性要求智慧物流生态中企业内和企业间的任何数字技术组件能够有效地连接；兼容性要求智慧物流生态中企业内和企业间的数字技术组件能够共享任何类型的信息，如数据、视频、图像、文本和音频；模块化要求企业能轻松地添加、修改和删除基础设施的任何组件，而不对整个数字技术基础设施的运营产生影响。

数字化柔性可以通过扩展知识广度和丰富程度来提高吸收能力，进而实现企业智慧物流生态的价值创造（Chaudhuri et al.，2018）。数字化柔性帮助企业灵活地配置数字技术基础设施组件，通过规范、更新和连接数字化组件来促进组织边界内外数据源的整合。数字技术基础设施组件的连通性使企业能够与智慧物流生态中的合作伙伴有效地沟通和交换知识，从而扩大企业获取知识的范围。此外，连通性打破了组织边界，使企业能够转换和重组知识到新领域。另外，数字技术组件的兼容性使企业能够在企业内部和生态合作伙伴之间以丰富的数据格式共享知识。基于兼容的数字技术基础设施，企业既可以通过文档、文本和数据等格式共享显性知识，也可以通过图片、视频和音频等格式交换隐性知识，从而提高知识的丰富度。数字技术基础设施组件的模块化还使企业能够调整和更新数字技术基础设施，以满足各种知识管理需求，并确保企业可以在低技术限制下交换和处理知识。基于数字化柔性的吸收能力，能够帮助智慧物流生态中的企业充分利用外部知识，扩展知识基础，促进企业管理创新、流程创新和产品创新。

数字化柔性还可以通过促进高水平的市场响应，实现企业智慧物流生态的价值创造。市场响应是企业与合作伙伴有效合作以快速应对市场变化的能力。数字技术组件的连接帮助企业通过集成的技术接口，合并异构数据源来形成统一的信息流，加快与合作伙伴间的信息交换。异构数据的合并使企业实现产品、订单和库存信息在智慧物流生态中的流畅传递，提高了智慧物流生态的可视性。此外，数字技术基础设施的兼容性帮助企业拓展组织边界，使数据、信息和知识在企业中随时可用。这种兼容性促进企业与合作伙伴联合执行复杂的运营活动，如联合规划、按需预测、新产品/服务开发，从而促进市场响应的发展。高度的模块化使不同数字技术组件之间能够具有互用性，以促进新应用的快速开发。模块化有助于企业调整数字化应用程序，并将其与合作伙伴系统集成，从而赋能智慧物流生态联合应对市场变化，以提高市场响应能力。基于数字化柔性的市场响应帮助智慧物流生态中的企业及时应对市场变化，实现企业绩效的提高。

13.2.2　数字化协同在企业智慧物流生态中的价值创造模式

数字化协同是在组织边界内外的业务流程中融入数字化应用程序，以提高业务流程的效率（Dubey et al.，2021）。数字化协同有助于企业使用先进的数字化应用协调业务活动，例如，通信、营销、采购、物流和库存。数字化协同确保了企业数字化应用与业务流程一体化，实现业务数字化，数字业务化，优化智慧物流生态中的业务流程、管理方式和经营范式，甚至重塑商业模式。数字化协同为智慧物流生态中的企业利用大数据分析和智能战略决策提供了基础（胡媛媛等，2021）。数字化协同使物流业务流程被实时上传和收集，帮助智慧物流生态中的企业通过数字孪生等技术对生态中的物流业务流程进行实时监测和优化，从而提高整个物流生态的效率。

数字化协同能够通过促进吸收能力和市场响应来促进智慧物流生态的价值创造（Rozak et al.，2021；高沛然和李明，2017）。首先，数字化协同能够提高企业的吸收能力，赋能智慧物流生态的价值创造。数字化协同水平高的企业能够发挥先进数字化应用程序的作用，支持企业间的信息交换和处理，促进外部知识的获取、同化和应用。企业可以通过数字化采购和电子商务平台拓展智慧物流生态合作伙伴库，将小范围和专用的网络拓展成广阔而开放的网络，从而达到扩展智慧物流生态的知识广度和丰富程度的目的（Qi et al.，2021）。例如，企业基于亚马逊、阿里巴巴、慧聪网、中国制造网、中国供应商等电子商务网站，可以拓展智慧物流生态合作伙伴的范围，全球寻源采购和销售，收集供应和需求市场的信息，丰富企业的知识库。此外，数字化协同有助于企业弥合内部职能部门之间存在的关系缝隙，解决知识分散应用的问题。数字化应用程序的采纳和同化有助于加强职能部门之间的协作，促进部门合作吸收、转化和商业化新获取的外部知识。例如，企业通过虚拟社区或数字化知识库支持不同的部门有效地交换、重组和创建知识。钉钉、飞书、企业微信等数字化办公应用支持将企业中各部门分散、凌乱的文档进行统一汇总和有序整理，打造成企业知识库，实现企业内知识的共享。数字化协同将有助于企业改善知识流动状况、获取已存储知识并对已获取的知识进行吸收和商业化。因此，基于数字化协同的吸收能力能够进一步促进智慧物流生态的创新和绩效改善。

其次，数字化协同通过促进市场响应实现智慧物流生态的价值创造。

（1）数字化协同加强了智慧物流生态的连接性，以提高市场响应能力。数字化应用与业务的协同使企业能够有效地与智慧物流生态中的业务伙伴连接和沟通。特别是 EDI、ERP 和 RFID 等传统技术与互联网平台和区块链等新兴技术的结合促进了智慧物流生态合作伙伴之间通过开放一体化的数字平台分享整合的信息流。智慧物流生态中的企业能够获取可靠、实时、丰富的信息，以提高全生态信息层面的透明度。该透明度的提高有助于企业有效利用数字技术了解并应对市场变化。

（2）数字化协同提高了智慧物流生态合作伙伴的协作效率来促进市场响应。传统物流合作中仅涉及管理与少数合作伙伴间的关系，使用数字化应用支持小范围的合作事务。然而，智慧物流生态中涉及众多的企业，合作伙伴间的协作是一个复杂的过程，企业需要通过数字化应用系统管理海量的业务流程。如果企业缺乏数字化协同能力，想要管理智慧物流生态合作伙伴间的协作来快速应对外部市场变化是非常困难的。然而，数字化协同水平高的企业能够实现智慧物流生态合作伙伴间的同步和协调，更加高效地协作应对市场变化。数字化协同帮助企业分析和评估业务流程的实时状态，为运营策略和战略决策提供支持。数字化协同还使企业对业务流程中可能出现的问题进行预警，以促进智慧物流生态的联合行动。因此，数字化协同对于智慧物流生态市场响应和价值创造至关重要。

13.3　数字化整合与数字化重置在企业智慧物流生态中的价值创造模式

13.3.1　数字化整合在企业智慧物流生态中的价值创造模式

数字化整合使企业具备结合能力，促进自身的数字化系统与重要智慧物流生态合作伙伴系统的衔接，并且实现信息和知识的跨系统交换与聚合（Chaudhuri et al.，2018）。数字化整合作为低阶能力，通过促进信息和知识的协调发展来提升吸收能力，从而实现智慧物流生态的价值创造。首先，数字化整合为企业提供了与智慧物流生态合作伙伴更加便捷的沟通渠道。通过建立与合作伙伴紧密衔接的信息系统，企业能够获取合作伙伴的知识，并且减少知识交换中的歧义和误会，从而扩展企业的知识基础。另外，数字化整合还能够联系组织外部网络中各领域的技术人员来解释和分析所获取的知识，从而促进企业对知识的吸收。其次，数字化整合能够支持电子头脑风暴、协作学习和电子会议等功能，促进企业与智慧物流生态合作伙伴间的讨论，从而加快知识的转化速度。数字化整合使知识获取和交换不再受到时间和空间的限制，为创造性的知识转化提供更多的可能性。

数字化整合也能通过促进市场响应实现智慧物流生态的价值创造。数字化整合有助于在企业内外部建立有效的沟通和信息交换环境，高效、及时、透明地将物流业务信息分享至智慧物流生态相应的合作伙伴，缩短应对市场变化的响应时间。数字化整合提高了智慧物流生态中物流业务信息的质量，进一步提高了企业决策的效率。高质量的需求预测、生产计划、库存状态等业务信息的分享，有助于协调智慧物流生态合作伙伴及时决策，快速采取措施应对市场变化（Felipe et al.，2020）。此外，数字化整合也促进了智慧物流合作伙伴间的协作和沟通。基于数字化整合实现的产品联合开发、联合计划预测、供应商管理库存等运营实践使智慧物流生态更加有效地响应客户需求变化，为客户创造价值。因此，数字化整合可以有效赋能企业吸收能力和市场响应，实现智慧物流生态的价值创造。

13.3.2　数字化重置在企业智慧物流生态中的价值创造模式

数字化重置使企业具备桥接能力，促使企业调解与合作伙伴的信息系统和处理标准间的异质性，并且重构数字资源来满足与新的智慧物流生态合作伙伴紧急合作的需求（Bai and Ran，2022）。数字化重置能够通过促进吸收能力实现智慧物流生态中的价值创造。具体来说，数字化重置能够通过扩展企业所获取知识的深度和广度来提高吸收能力。数字化重置使企业能够快速更新并重组现有的数字资源，进而促进与智慧物流生态合作伙伴数据资源的无缝衔接（周飞等，2019）。数字化重置使企业与智慧物流生态合作伙伴以丰富的数据格式分享知识，扩展企业获取知识的深度。而知识创造的一个重要因素是获取信息的广度。数字化重置使企业综合各种不同的数据标准和格式、衔接沟通网络、访问和查询不同合作伙伴的知识库。这促使企业与不同的生态合作伙伴高效地沟通和交流，进而扩大企业的知识面。同时，数字化重置也使企业能够调整数字技术基础架构以满足各种知识管理要求，基于数字化重置的吸收能力进而促进智慧物流生态的价值创造。

数字化重置通过促进市场响应来实现智慧物流生态的价值创造。随着企业将数字技术设施嵌入组织惯例，物流业务流程变得更加依赖数字技术设施，其数字化需求变化的频率增大。因此，企业需要不断地调整自身的数字系统，才能更好地支撑物流业务的变化，从而快速应对外部市场的变化。数字化重置能力可以支持企业高效地部署新的应用程序并解决与旧系统的维护障碍，更加快速和高效地应对外部环境变化并实现市场响应。数字化重置促进企业获取、处理和分享智慧物流生态中海量的信息并协调组织内外部的流程，从而提高物流生态的效率。数字化重置支持企业与智慧物流生态中众多合作伙伴交换物流信息，提高企业对市场和客户需求的理解程度，有助于企业把握市场趋势，精准预测市场变化。企业能够未雨绸缪，及时推出新物流产品/服务，把握市场机会，满足客户的全新需求。此外，数字化重置使企业能够快速调整与智慧物流生态合作伙伴的合作关系，提高物流协作的灵活性。基于数字化重置，企业可以及时调整采购、生产和交付计划，通过模块化的数字接口，与全新的供应商和经销商合作，开拓新产品线，快速满足客户持续变化的需求。因此，数字化重置可以增强智慧物流生态的吸收能力和市场响应能力，以实现价值创造。

综上，数字化能力是实现智慧物流生态价值创造的重要条件。随着企业数字化转型的广泛开展，越来越多的企业投资数字技术，培育数字化能力，与合作伙伴共创智慧物流生态价值。企业需要意识到数字化能力价值创造作用的发挥依赖于高阶动态能力的提高。企业应当基于数字化能力促进吸收能力和市场响应这两种关键动态能力，以更好地为客户创造价值。同时，企业也应当意识到不同数字化能力的差异性，合理配置数字化资源，完善数字化能力建设。

第 14 章　智慧物流生态中流程整合与数字化能力的价值匹配

　　数字技术决定了智慧物流生态中的企业从流程整合中获益的程度（Liu et al.，2016）。例如，九州通基于其卓越的数字化能力，通过搭建"健康 998"云服务平台，进一步利用与终端药店客户的整合，提高其绩效。然而，数字化能力和流程整合共同影响智慧物流生态绩效的机制比较复杂，理解智慧物流生态中的企业如何通过部署数字化能力实现智慧物流生态中流程整合的价值是非常必要的。根据资源配置理论，企业只有在有效管理其拥有的资源的时候，才可以充分实现资源的价值。而资源管理包括构建资源组合、捆绑配置资源以构建能力的过程，同时也涵盖了企业利用能力创造商业价值的过程。相互关联的资源利用和配置决定了企业是否能够实现卓越的绩效。因此，智慧物流生态中的企业应该以适合其流程整合程度的方式部署其数字化能力，确保二者之间良好地匹配，才能顺利实现价值创造（Liu et al.，2016）。

　　数字化能力和流程整合均是多维度的概念，包含相互关联但特点迥异的子维度。虽然数字化能力和流程整合的关系紧密，但是二者众多子维度之间的交互效应机制非常复杂且尚不明确（Brinch，2018）。对于智慧物流生态中的企业而言，其面临的一个悬而未决的关键问题是数字化能力如何影响流程整合以实现价值创造。从权变视角来看，数字化能力与流程整合的交互效应是实现价值创造的关键。然而，权变视角仅能分析数字化能力和流程整合之间的交互效应，而无法识别数字化能力和流程整合的最佳配置状态。企业需要从组态视角考虑数字化能力和流程整合具体的匹配机制，且需要明确在特定的流程整合程度下，最为匹配的数字化能力的特定组成模式。因此，组态视角能够帮助理解该复杂问题，以探讨如何根据智慧物流生态的流程整合水平来配置理想的数字化能力，以实现价值创造的最大化（Liu et al.，2016）。

　　智慧物流生态中的数字化能力的影响机制是多学科的研究问题，它不仅涉及信息管理，还包含了供应链管理、市场营销、战略管理等学科的问题。智慧物流生态中的数字化能力需要考虑数字化柔性。数字化柔性是智慧物流生态中的企业所拥有的一系列能为其快速发展和实施现有的和未来的数字化应用提供支持的数字技术资源。数字化柔性反映企业已经具有了有效的数字技术平台，以便其能升级现有的数字技术基础架构，整合离散的数据资源以及增加新应用软件。数字化柔性是企业发展和同化其他企业能力不可或缺的关键要素，是在对一系列数字技术资源细致规划和长期发展后才能形成的。因此，企业数字化柔性的差异能够造成企业竞争优势的差异。这种情况在一个快速变化的业务环境中尤为突出。企业的数字化协同也是数字化能力的一部分，它是指企业应用数字技术支持、塑造和促进其商业战略和价值链活动的能力，代表了企业的数字化技术运营能力。数字化协同反映了智慧物流生态中的企业转化成数字化驱动的组织的程度。具体来说，数字化协同意味着智慧物流生态中的企业已经将数字技术应用在整个组织物流流程中，并最终使其自身可以通过这些数字化应用来实施业务战略和价值创造活动。数字化协同能力有助于智慧物流生态中的企业将数字化价值嵌入物流业务流程中，实现特定的数字化商业价值。数字化知识也是数字化能力的重要一环，它是指企业高管在多大程度上具有必要的商业敏锐度和技术技能，以预见数字技术的价值和潜力，并有效地利用数字技术来实现业务流程和组织目标之间的一致性，它体现出企业高管对数字化战略意义的认知程度。实际上，数字技术的成功运用在很大程度上依赖于企业高管对这种运用价值的认可程度。只有当企业高管认识到了数字化的战略潜力，他们才会支持相应战略的实施，从而促使整个企业重视数字技术，并最终确保数字化战略运用的成功实现。

14.1　资源编排理论中的流程整合与数字化能力配置

在智慧物流生态中，企业应该以适合其流程整合程度的方式来合理部署其数字化能力（Liu et al.，2016）。资源编排理论认为，管理者需要合理协调他们的资源来实现潜在的优势。该理论是从资源基础理论发展而来的，认为企业的卓越绩效可以用有价值的、稀有的、不可模仿的和不可替代的资源的异质性来解释。然而，资源基础理论没有指出如何部署资源以产生协同效应，无法预测可能有效获得竞争优势的特定资源组合策略。资源编排理论解决了资源基础理论的这个局限性，并提出资源、能力和管理智慧的结合可以最终产生卓越的企业绩效。换句话说，资源编排的结果是由与关键资源相互关联的其他资源组合所产生的联合效应决定的，而不是由单个资源的独立效应决定的。

资源编排理论中所涵盖的"构建资源组合"将"资源捆绑以形成能力""利用能力创造价值"的资源管理流程，打开了从资源到持续竞争优势的流程"黑箱"，并厘清资源和能力之间的关系以及两者在实现持续竞争优势过程中的作用。同时，该理论内含的资源管理思维又为如何巧妙应用这一管理流程以构建恰当的资源组合和能力配置进而实现和环境的动态匹配提供了理论上的指导。资源编排理论对于理解资源和能力（如流程整合和数字化能力）的部署有着重要的指导意义。根据资源编排理论，价值创造需要的不是单独的流程整合或数字化能力，而是这两个相互依存的构念之间的合理匹配。这种一致性匹配实现了运营效率的提升，进一步提高了运营绩效和战略绩效。基于资源编排理论，智慧物流生态中的企业将流程整合转化为更高绩效的能力取决于它们利用可与流程整合结合使用的关键数字化能力的高低。

根据资源编排理论，智慧物流生态中企业的流程整合和数字化能力的合理部署与配置共同提高了企业绩效。在智慧物流生态中，不同层次的流程整合有不同的重点和信息处理需求，因此需要不同类型与水平的数字化能力。例如，智慧物流生态中低层次的流程整合可能侧重于与合作伙伴广泛共享信息，而高层次的流程整合则强调与整合的合作伙伴交流更深入的隐性知识。因此，智慧物流生态中低层次的流程整合对数字化知识有更高的要求，以感知和响应数字技术创新的需求；而高层次的流程整合则要求更高的数字化协同，以将数字技术嵌入业务流程中。检验数字化能力的部署是否满足智慧物流生态流程整合的信息处理要求，对于理解企业如何从流程整合中获益至关重要。因此，基于资源编排理论，利用权变和配置两个视角，分析流程整合-数字化能力之间的匹配如何影响智慧物流生态的价值创造是非常必要的。

14.2　权变视角下流程整合与数字化能力的价值创造机制

基于权变视角来分析流程整合与数字化能力的匹配对智慧物流生态绩效产生的影响时，流程整合和生态绩效之间的关系应该取决于数字化能力（Liu et al.，2016）。事实上，越来越多的研究提出，组织流程中嵌入的数字化能力使组织获得了最为关键的信息处理能力。高水平的数字化能力确保了企业有必要的能力来处理和利用丰富的信息内容或流程整合中涉及的深刻知识，从而提高企业绩效。

具体来说，高水平的数字化能力允许智慧物流生态中的企业从流程整合中获得更多的运营绩效，如提高客户服务水平和对市场的响应能力。例如，数字化协同使智慧物流生态中的企业能够利用先进的数字技术应用程序来促进内部和外部沟通并进行物流业务分析，从而使企业能够通过智能信息整合获得的数据来吸收知识，并提高物流运营协调的效率，从而对市场变化做出灵敏而准确的响应。同样，数字化柔性确保了各种数字技术组件的连接性、兼容性和模块化。基于连接、兼容和模块化的数字化组件，企业可以通过与智慧物流生态中的合作伙伴的复杂联合物流活动来提高智能规划同步和智能运营协调的业务价值（Kamble et al.，2021）。此外，数字化知识使企业能够协调、综合合作伙伴的商业战略，以制定和执行物流决策规则，从而提供更好的客户物流服务，帮助企业从战略伙伴关系中受益。因此，数字化能力强化了智慧物流生态的流程整合与运营绩效之间的关系。

高水平的数字化能力也允许企业从流程整合中获得更多的客户服务价值。具体来说，数字化协同使智慧物流生态中的企业能够利用先进的数字技术来促使企业及时与客户进行整合，从而敏锐地感知客户物流需求及其变动情况。这将有助于智慧物流生态中的企业快速抓住市场机会，准确获取市场物流需求信息，从而改善自身的物流产品和服务质量，提升服务绩效。同样，数字化柔性可以使企业与上下游提高运营协调水平，使企业及时获得物流产品设计、产品质量和表现等方面的信息的反馈，能够以更低的物流成本和更快的速度响应客户，提升对客户的服务水平。此外，数字化知识使企业能够充分理解数字技术在促进其与战略伙伴之间合作的潜力，有利于客户信息在企业与战略伙伴之间进行快速和有效的传递，积极配合客户开展新物流产品的研制开发，并进行前瞻性的物流技术研发和布局，有效挖掘市场深度，提高客户满意度。因此，数字化能力强化了智慧物流生态的流程整合与服务绩效之间的关系。

虽然流程整合通常被认为是影响不同企业财务绩效高低的重要因素，但是其作用往往取决于企业的数字化能力能否为流程整合作用的发挥进行赋能。具体来说，只有当智慧物流生态中的企业能够充分利用先进的数字化应用，通过信息集成支持内部和外部的信息共享、快速服务和决策时，才可以使其物流业务平稳、高效（Tan et al.，2022），从而实现其销售利润和净收入的增加。同样，如果数字化柔性有助于企业物流系统和流程的转换与集成，合作规划和业务协调的财务价值也可以得到提高。此外，战略伙伴关系允许企业与合作伙伴进行深入合作，当企业具备数字化知识，认识到数字技术的潜在价值时，会更有可能发现能够带来财务回报的机会。因此，数字化能力强化了智慧物流生态的流程整合与财务绩效之间的关系。

14.3　配置视角下流程整合与数字化能力的价值创造机制

权变视角为评估流程整合和数字化能力之间匹配的价值提供了重要参考。然而，权变视角缺乏解释智慧物流生态中复杂的数字化能力和流程整合进行配置的现象的能力。配置视角有助于将权变视角扩展到多元组合，并为多维现象提供更有见地的解释。具体来说，配置视角假设组织元素是相互关联的而非彼此独立的，其采取整体的观点分析组织元素间的相互影响，而不是分析组织元素的单独效应。配置视角旨在确定各种组织元素及其关系的理想配置状态，而不是探索权变视角下的"成对关系"。在配置视角下，实现最优组态是需要通过对相互依赖和相互强化的组织元素进行独特配置来构建的。企业通过分析行业内绩效最优企业的数字化能力和流程整合水平，就能够识别最优组态的模式。在智慧物流生态流程整合的背景下，每个水平的流程整合都需要配置一套相应的最理想的数字化能力方案，才能实现卓越的企业绩效（Liu et al.，2016）。

具体来说，流程整合和数字化能力之间的最优匹配模式与服务质量和响应性存在正相关关系。处于较低流程整合水平的企业通常专注于从广泛的智慧物流生态中的成员那里获取物流信息，以实现卓越的物流运营绩效。因此，它们需要合理配置数字化能力，通过执行广泛的智能信息共享和松散的短期协调活动来保证物流服务质量和响应能力。开展此类活动需要相对较低水平的数字化柔性和较高水平的数字化知识。数字化柔性侧重于数据标准化和系统集成，这可能会限制企业从各种智慧物流生态成员那里获取信息的能力。随着现有数字化柔性的集中部署，处于较低流程整合水平的企业利用数字化资源获取利益。在此过程中，数字化知识可以为企业如何最好地利用现有数字化资源提供支持或为智慧物流生态的管理活动的执行提供指导和见解。相反，在较高的流程整合水平下，智慧物流生态中的企业专注于与合作伙伴交换深入的隐性知识，以获得卓越的运营绩效。因此，在实现更高层次的流程整合时，实现所需的目标涉及智慧物流生态中的企业内部和企业之间的许多复杂的物流协调活动。完成这些活动需要高度灵活的数字化柔性，以减少这些复杂的物流协调活动带来的技术资源障碍。此外，高度的数字化协同使企业能够在业务流程中快速部署和嵌入广泛的数字化应用，以提高集成智慧物流生态的响应能力。因此，智慧物流生态中企业的数字化能力概况与其流程整合水平的理想数字化能力越相似，其运营绩效就越好。

在智慧物流生态中，数字化能力的合理配置能够帮助企业更好地利用流程整合来实现卓越的服务绩效。例如，处于较低流程整合水平的企业通常会专注于从客户那里获取物流信息以提高服务绩效。因此，它们需要合理配置数字化能力，通过与客户进行较为广泛但简单的物流信息共享，以提高物流服务质量和响应能力。开展此类活动需要相对较高水平的数字化协同能力和数字化柔性。数字化协同和数字化柔性能够帮助企业从客户那里广泛地获取物流信息，且由于其在处理信息时具有的标准化、自动化、集成化的特征，能够大大减少企业在对客户信息进行处理时的资源损耗。在这种情况下，随着现有数字化柔性的集中部署及数字化协同能力的提升，处于较低流程整合水平的企业能够有效利用数字化资源获取利益。相反，在较高的流程整合水平下，企业专注于与客户交换隐性知识，以获得卓越的物流服务绩效。因此，在更高的流程整合水平下，实现所需的目标涉及智慧物流生态中的企业内部及企业与客户之间的许多复杂的信息处理活动。完成这些活动需要高层次的数字化知识，以帮助企业明确地感知和响应客户潜在物流需求和市场变化，主动发现和抓住机会。而无论数字化柔性还是数字化协同，都不能轻松地在管理与客户的深入关系和相关流程方面发挥重要作用。因此，拥有这种理想的数字化能力的企业在实现客户绩效目标时会变得更有效率。

每个流程整合水平都有一个理想的数字化能力，其中数字化能力的配置支持流程整合去实现卓越的财务绩效。具体来说，在较低的流程整合水平下的智慧物流生态中的企业依赖于在现有生态中单独优化分散的子系统。在这种情况下，创建灵活的数字技术基础设施和发展广泛的数字化协同可能不是实现财务目标的有效机制。开发和维护灵活的数字技术基础设施和数字化协同需要持续的大量投资，无论数字技术基础设施还是数字化协同都不能轻松地在管理智慧物流生态中分散的物流关系和流程方面发挥重要作用。在这种情况下，资源可以有效地用于增加数字化知识，以帮助企业及时感知和响应数字技术创新，并主动发现和抓住物流改进机会的窗口。这种配置能够在有限的数字化投资和较低级别的流程整合水平的情况下，对财务效益产生积极影响。相反，有效实施更高水平的流程整合要求通过将整个智慧物流生态作为一个系统来管理，最大限度地减少完成所需财务目标所需的资源消耗。实现这一目标的一种方法是缩小定制物流流程的范围并简化协调物流流程。该战略需要高水平的灵活的数字技术基础设施和数字化协同，以执行实现卓越的财务绩效所需的复杂的协调活动。具体来说，灵活的数字技术基础设施使整个智慧物流生态能够作为一个集成系统高效运作。通过利用先进的数字技术应用程序，数字化协同可以使企业保持流程标准化，同时减少智慧物流生态中的企业内部和企业之间的资源消耗。例如，沃尔玛已与宝洁等主要供应商紧密整合，在灵活的数字技术基础设施和数字化协同能力的支持下，帮助提高投资回报、销售利润、净收入和现金流。因此，拥有这种理想的数字化能力的企业在实现财务目标时会变得更有效率。

　　总之，智慧物流生态中的流程整合已经越来越受到学者和管理者的关注，但现有研究在很大程度上缺乏对智慧物流生态中基于流程整合的价值创造机制的全面认知。由于智慧物流生态中数字科技的广泛应用，企业的数字化能力是其实现流程整合价值的关键因素。因此，智慧物流生态中的企业需要深入理解多维的数字化能力和流程整合如何相互作用来影响智慧物流生态价值创造（Liu et al.，2016）。企业可以通过分析和模仿行业内绩效最优竞争对手的数字化能力和流程整合的水平，分析实现绩效改进的最优组态。图 14.1 展现了智慧物流生态流程整合和数字化能力的组态及其对生态绩效的影响。

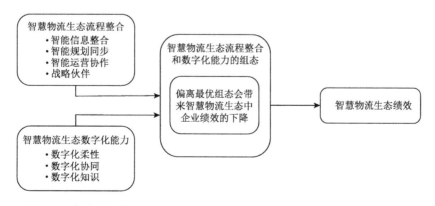

图 14.1　智慧物流生态流程整合和数字化能力的组态及其对生态绩效的影响

第15章 智慧物流生态中市场导向的价值创造模式

当前，全球贸易经营环境面临诸多挑战，企业供应链风险也随之不断扩大。与此同时，数字产业化和产业数字化不断深入发展，使市场竞争日趋激烈。在充满动荡性、不确定性、复杂性和模糊性的商业环境中，与合作伙伴实现共赢成为维系智慧物流生态竞争优势的关键任务（Homburg et al.，2020）。智能信息共享和智能运营协同是智慧物流生态共赢的重要基础。智能信息共享有助于智慧物流生态中的合作伙伴获得竞争优势，如增加对市场趋势和客户需求的敏感性、缩短物流总周期时间和降低库存成本、获得物流产品或服务的创新想法（阳银娟和陈劲，2015）。企业能够感知客户不断变化的物流需求，更好地了解物流客户和市场现状。此外，智能运营协同能够为智慧物流生态带来成本效益，并保证物流生态快速、可靠和流畅地运作，以快速和准确的方式应对市场的不确定性。具体而言，智能运营协同加快了企业物流资源的互联互通，给企业的物流系统、生产系统、采购系统与销售系统的智能融合打下基础。智慧物流生态的智能运营协同，有助于打破物流工序和流程界限，全程无缝交接，降低运营成本，有效参与市场竞争。

随着我国企业的物流国际化程度逐渐提高，能否及时实现智能信息共享和智能运营协同对企业及其所处智慧物流生态的绩效有着决定性影响（Grøgaard et al.，2019）。然而，我国仍然处于向市场经济深入转型的阶段，尚未建立起完善的正式制度来支持市场自由运转。与具有成熟市场经济的国家相比，我国企业面临着市场竞争规则不明确和不可预测的问题。2022年4月，《中共中央国务院关于加快建设全国统一大市场的意见》中明确："加快建立全国统一的市场制度规则，打破地方保护和市场分割，打通制约经济循环的关键堵点，促进商品要素资源在更大范围内畅通流动，加快建设高效规范、公平竞争、充分开放的全国统一大市场，全面推动我国市场由大到强转变，为建设高标准市场体系、构建高水平社会主义市场经济体制提供坚强支撑。"在此背景下，实现智慧物流生态共赢需要企业以国内大循环和统一大市场为支撑，有效利用全球要素和市场资源，联通国内市场与国际市场。

从我国市场环境来看，当前智慧物流生态的发展还未能充分调动利用市场资源的积极性。例如，根据灼识咨询的统计，2015～2020年，我国外包物流的渗透率从39.10%提升至43.90%。据其预测，2025年我国外包物流市场规模将达9.20万亿元，渗透率将进一步提高到47.80%。但我国外包物流市场渗透率相比于英国、美国、日本等发达国家仍有较大差距，具有较大的上升空间。企业对市场资源的利用不够，使得很多物流资源处于闲置和低效运用状态。因此，智慧物流生态的价值创造需要考虑其有效的市场环境。事实上，随着全球化和世界经济竞争的加剧，企业已经开始向市场导向转变管理观念。市场导向是企业以市场为中心组织生产经营活动的营销新观念，直接影响着组织过程的效率。因此，市场导向的聚焦与侧重，将为企业智慧物流生态实现智能信息共享和智能运营协同，最终实现价值创造提供新的思路。

本章将深入剖析企业的市场导向如何影响智慧物流生态的智能信息共享以及智能运营协同的作用的发挥，进而影响智慧物流生态的价值创造。市场导向中的客户导向、竞争者导向和职能协调导向三个维度将影响智慧物流生态链管理，促进企业间的信息共享和运营协同。智慧物流生态通过智能信息共享和智能运营协同机制，能够迅速、灵活、正确地理解物流问题，运用科学的思路、方法和先进技术提高物流效率，创造更好的社会效益和经济效益。

15.1　智慧物流生态中的市场导向

市场导向体现了企业对根据外部市场环境的认知做出相应业务调整和反应的重视程度，其反映了企业为客户创造卓越价值的导向（阳银娟和陈劲，2015）。市场导向在组织管理和战略中起着基础性的作用，描述了企业积极参与组织范围内市场情报的生成、传播和响应的能力。在资源基础观中，市场导向被视为一种独特的资源，引导企业在经营中有效地创造卓越的价值（周飞等，2019；Liu et al.，2013）。市场导向在企业智慧物流生态价值共创中的重要性被越来越多的从业者重视。企业的市场导向越强，对外部市场需求信息的了解就越深刻，就越容易挖掘到客户的实时动态需求信息以及竞争对手的技术特征，并通过与多主体合作，如与供应商、竞争对手、高校、研究机构、咨询机构、技术中介机构、行业协会的合作，为客户提供所需新产品、新服务或者整体解决方案。市场导向理论有组织文化观和组织行为观两种主要的理论视角。组织文化观认为市场导向是一种有效地激发客户价值创造活动的组织文化（王晓玉等，2018；Tollin and Christensen，2019）。在这种文化氛围下，组织承诺持续为客户创造独特的价值，具体包括客户导向、竞争者导向及职能协调导向三个要素。因此，市场导向与强调目标一致性和互相协作的一致性文化密切相关，同时有利于形成重视学习、响应环境和创新的适应性文化。而组织行为观则认为，市场导向是一组具体的企业行为，是整个组织产生有关客户需求的市场信息，跨部门传播市场信息，并举组织之全力来加以响应，包括市场信息的产生、市场信息的传播、对市场信息的反应三种行为。

尽管两派学者基于不同理论视角对市场导向产生了不同的理解，但都承认市场导向的企业会将主要注意力放在发现和满足客户的需求上（Bergkvist and Eisend，2021）。市场导向强调通过必要行为有效地为客户创造高价值，最终实现高绩效和竞争优势。这些必要行为主要包括充分了解目标客户的需求，密切关注现有和潜在的关键竞争者的短期优势和劣势以及长期战略和能力，并通过内部各部门之间协作为目标客户持续创造价值（Liu et al.，2013）。职能协调导向对有效响应市场情报至关重要，而客户导向和竞争者导向是企业与环境互动的两种主要手段。因此，市场导向可分为客户导向、竞争者导向和职能协调导向这三个维度。表 15.1 总结了市场导向的分类、定义和内涵。

表 15.1　市场导向的分类、定义和内涵

分类	定义	内涵
客户导向	客户导向是指企业致力于了解和满足客户需求	客户导向专注于充分了解现有客户和潜在客户的价值链和动态，以便能够持续创造卓越的价值
竞争者导向	竞争者导向是企业关注竞争对手的营销活动、资源和能力，并确保相对于竞争对手的竞争优势	竞争者导向强调了解竞争对手的优势和劣势，根据竞争对手的活动和反应采取行动
职能协调导向	职能协调导向是企业内部在追求为客户创造卓越价值的过程中的沟通和互动	职能协调导向强调智能物流生态中的跨部门有效合作

客户导向要求企业充分了解目标客户，并为客户持续创造价值。这里的客户不是单纯指现有的客户，还应包括因经营环境变化而产生的潜在客户（Stocchi et al.，2022）。在智慧物流生态中，企业的客户导向则强调充分了解智慧物流生态的目标客户的物流需求，以及企业对服务客户物流需求的承诺。客户导向的企业的业务目标将由客户满意度驱动，其竞争优势战略基于对客户需求的理解，商业策略以为客户创造更大价值的信念驱动，并会系统且频繁地评估客户满意度。宜家公司就是典型的客户导向实例。宜家公司以客户的需求作为企业战略的焦点，公司所有的资源围绕着为客户创造价值展开，从高层管理者到仓储人员，公司里每一个员工都清楚客户的需求，也了解自己能在服务客户方面所扮演的角色。客户导向帮助宜家公司实现了高效的物流配送，并在全球各地取得成功。客户导向的理念也深入中国企业的经营之中。例如，海尔集团践行"真诚到永远"，TCL 秉持"为顾客创造价值"，格兰仕立足"努力，让顾客感动"，小天鹅奉行"全心全意小天鹅"，这些企业的客户导向深入其物流配送中，并通过高效配送实现了高客户满意度。现有文献认为客户导向能够帮助企业理解客户需求，提高客户满意度，进行产品与服务创新，形成竞争优势，进而提高企业绩效。在智慧物流生态中，客户导向能促使企业及时掌握物流市场知识能力，鼓励企业提出并实施新的物流产品与服务想法以不断满足客户需求，提升市场响应能力（Liu et al.，2013）。

　　竞争者导向是指企业要针对其现存和潜在的竞争对手进行分析，了解竞争对手的优势和劣势，据此制定竞争对策。在智慧物流生态的价值共创中，企业的竞争者导向会促使其强调了解当前和潜在的主要竞争对手的短期优势和劣势以及长期能力和战略。竞争者导向要求生态中的业务人员定期在组织内部分享有关竞争对手策略的信息，管理层定期讨论竞争对手的优势和战略。例如，快递行业中的中通快递、申通快递、圆通速递和韵达速递，在物流服务产品、网点覆盖、服务价格方面展开了激烈竞争，是竞争者导向的典型案例。竞争者导向帮助企业充分获取竞争者的信息，从而制定正确的研发规划、选择合适的市场进入时间以及为组织的技术进行准确定位，最终建立竞争优势。此外，竞争者导向可以帮助组织识别潜在的替代者、了解替代技术扩散的速度以及及时得知技术的变化，从而帮助企业提高新产品开发绩效。

　　职能协调导向是企业职能部门间跨部门的协作（王晓玉等，2018）。在智慧物流生态价值共创过程中，企业职能协调导向会促使其强调企业内部跨部门有效合作，主要内容包括所有的业务功能（如市场营销、制造、仓储、运输等）综合满足目标市场的需求；各职能部门的经理定期访问当前客户和潜在客户；所有职能部门的员工能自由沟通有关成功和不成功的客户体验的信息；经理了解在业务中如何为创造客户价值做出贡献。职能协调导向要求各职能部门明确各自的分工，定期召开各部门碰头会和同步会议讨论结论，明确协作方的任务排期，以此推进组织战略的执行。职能协调导向可以促进不同职能部门之间的沟通、协作、聚合以及承诺，有助于知识整合和组织创新，有效提升运营效率和企业绩效。

　　在智慧物流生态价值创造中，市场导向能够发挥重要作用，主要是因为市场导向能够促进智慧物流生态的智能信息共享与智能运营协同，从而实现智慧物流生态中的企业的绩效提升。如前面所述，智能信息共享和智能运营协同是实现智慧物流生态价值创造的基石，而客户导向、竞争者导向以及职能协调导向则通过促进智慧物流生态中合作伙伴间的智能信息共享和智能运营协同而实现价值创造。

　　具体来说，智能信息共享有助于建立产品与服务的差异化优势，促进产品交付、新物流市场开拓和新物流产品或服务推广（郝生宾等，2018）。信息技术的不断发展使物流信息的开放性、实时性和丰富性的特点更加突出，进一步凸显了智能信息共享的价值。一般来说，有效的信息共享可以增进合作伙伴间的相互理解，减少误解，防止发生不必要的错误，从而降低整个物流生态的交易成本。同时，智能信息共享使信息更加透明，促使企业能够以较低的价格选择物流服务提供商和第三方合作方，继而以较低的成本生产和提供物流产品或服务。这个过程对企业的经营绩效会产生积极的影响。例如，基于信息共享的思路，上海先烁信息科技有限公司开创性地采用了"软件即服务（software-as-a-service，SaaS）平台＋移动应用程序（application，APP）"的模式连接运输，将货运环节中的货主、第三方物流公司、运输公司、驾驶员和收货方集成在一个平台上，打造一个基于核心流程的、透明、开放、共享的生态系统，实现从货主到驾驶员的全链条全渠道管理。另外，智慧物流生态的智能运营协同打破了传统企业边界，深化了物流生态中企业的分工协作，实现了存量资源的社会化转变和闲置资源的最大化利用。利用新一代新兴技术，如互联网技术和互联网思维，推动互联网与物流深度融合，重塑合作伙伴间的分工协作机制，围绕满足终端客户需求进行物流流程的整合重组。智能运营协同要求物流网络中的供应商、制造商、分销商和第三方物流商强化核心竞争力，树立共赢意识，紧密团结协作，无缝连接物流生态中各环节的运营流程。智能运营协同使物流生态摆脱各节点企业以自身利益最大化为目标而分散决策导致的物流生态整体效率较低的情况，使智慧物流生态创造价值最大化。例如，生鲜电商平台"宋小菜"采用"以销定采"的企业对企业（business-to-business，B2B）反向供应链模式，协同上游蔬菜生产方、第三方物流商和下游农贸商户、配送商户、生鲜店等终端分销商，专门运营受到消费者青睐且需求频繁的蔬菜产品。"宋小菜"通过运营协同有效解决了蔬菜产销间的矛盾，将分散在全国各地的新鲜蔬菜集运到消费者手中，让物流生态的参与者共创价值。

15.2　客户导向在智慧物流生态中的价值创造模式

　　客户导向通过凸显企业智慧物流生态合作伙伴之间的智能信息共享和智能运营协同的作用来实现企业智慧物流生态的价值创造。从智能信息共享的角度来说，客户导向对智慧物流生态链中的信息共享的价值创造起到了重要的激活作用。客户导向的企业强调理解和满足目标客户的需求，更加能感知到智慧物流生态的价值，并努力利用智慧物流生态合作伙伴间的信息共享来提高智慧物流生态价值创造的效率和有效性（Frösén et al.，2016）。具体来说，当市场上客户的需求迅速变化时，以客户为导向的企业会通过数字技术（包括物联网、云计算、大数据等）积极收集、整理和分析客户信息。例如，顺丰的数据灯塔充分运用大数据技术，获取和分析海量数据，感知客户的需求并为客户提供物流仓储、市场开发、精准营销、电商运营管理等方面的决策支持。菜鸟网络的物流数据平台，通过对信息的深度挖掘，实现物流过程的数字化和可视化，并且能够进行运输预测和突发情况预警。另外，客户导向使企业更重视客户需求的变化，快速和广泛地感知和应对市场不确定性，及时与客户进行信息共享，减弱"牛鞭效应"。所以，客户导向的企业更加愿意利用智能信息共享从智慧物流生态中获得实时的、内容丰富的信息和知识，以更好地节省整个生态链的成本，从而提高绩效。

　　从智能运营协同的角度来说，客户导向使企业能够更好地实现智慧物流生态链中的智能运营协同来进行物流生态链的价值创造。具体来说，具有客户导向的企业更加了解客户的生产和运营情况，并且更加愿意与客户在运营协作的过程中及时地调整不兼容或不匹配的流程，以达到与客户更好地协作的目的。基于客户导向协同智慧生态中的物流活动，如采购、补货、付款、产品变更和协同产品设计，可以实现成本效益高、速度快、可靠和顺畅的供应链运营。例如，九曳供应链将物流业务拓展到新零售领域，依托九曳供应链分布在全国各地的生鲜云仓，使用冷链运输工具，对货物进行同城多点和小批量的集中配载。九曳供应链利用智能化配送系统，根据货物及运输属性进行线路优化，实现单点到多点便利店运输的高效率城市配送服务，为生鲜电商和便利店提供集货源采购、物流配送、线上 APP 和微商城系统开发于一体的综合性商流和物流一体化服务。基于客户导向的智能运营协同使企业能够在整个物流流程上简化和自动化其运营活动，促进快速和可靠地交付产品与服务。此外，智能运营协同可以加快供应链上实物流的快速移动，缩短生产、仓储和交货时间，从而增加现金流，提高企业绩效。

15.3　竞争者导向在智慧物流生态中的价值创造模式

随着产品生命周期的缩短以及技术复杂性的增强，企业在市场竞争中仅通过自身的能力逐渐难以满足用户的需求，寻求外部合作进行价值创造成为众多企业的应对手段（蔡庆丰和田霖，2019）。竞争者导向驱动企业对行业竞争信息进行深入了解，促使其基于行业竞争动态与智慧物流生态中的合作伙伴进行合作与价值共创。竞争者导向通过促进企业智慧物流生态合作伙伴之间的智能信息共享和智能运营协同来实现智慧物流生态的价值创造。首先，竞争者导向的企业往往更加重视智慧物流生态的智能信息共享。竞争者导向的企业强调剖析自身的优势和劣势，对当前和潜在的主要竞争对手进行全面的分析，掌握其优势和劣势，密切关注竞争对手的市场行动，预测竞争对手的行为和动向，并迅速针对其市场行动采取相应措施。因此，具有竞争者导向的企业将积极与合作伙伴利用智慧物流生态的数字技术基础设施和网络架构分享市场信息，交换应对竞争对手行动的意见，果断采取竞争举措。竞争者导向的企业将通过智能信息共享，以竞争拉动物流生态运转，调动物流生态的采购、生产和运输等环节，以实现快速反击，比竞争对手更好地满足客户需求。因此，基于竞争者导向的智能信息共享将积极促进智慧物流生态实现价值创造。

其次，竞争者导向通过凸显企业智慧物流生态合作伙伴间的智能运营协同的作用来实现企业智慧物流生态的价值创造。在动荡的市场环境中，竞争者导向的企业针对竞争对手采取策略，往往需要与合作伙伴进行智能运营协同以快速落实竞争策略。竞争者导向的企业将会更积极地利用智慧物流生态中的协作标准，通过数字技术实现实时、全面、无缝的流程整合，并基于生态的网络结构与生态中的合作伙伴形成一个整体，协同作战。所以，竞争者导向有效驱动了企业间的智能运营协同，保证生态成员间通过数字技术打破其运营协作中的时间和空间限制。基于竞争者导向的运营协同使物流协作的复杂活动流线化和自动化，减少特定人力资源和设施的投资成本，加快跨组织业务流程，使物流生态成员能够共同探索新的市场和开发新的产品或服务。

15.4　职能协调导向在智慧物流生态中的价值创造模式

跨职能部门协调产生的价值远比单个部门独立运作产生的价值更高。因此，智慧物流生态中的企业必须对其拥有的各种资源进行协调与整合，为客户创造卓越的价值。职能协调导向强调企业内各职能部门达成一致目标和共同价值观以促进企业的创造性产出（蒋天颖等，2013）。为了创造与众不同的客户价值，企业需要强调组织内部协调、沟通和合作的氛围，进而激发企业内部产生更多创造性想法。各部门如果能充分沟通，不但有助于达成各自的目标，而且会产生互补作用，增强协同合作，对市场变化做出积极反应，实现企业价值链的改善（Jindal，2020）。职能协调导向促使物流部门经常与生产和销售部门甚至与客户分享新服务想法，以促进新产品/服务的开发（顾琴轩等，2021）。部门间协调还将促进部门之间的信任与依赖，从而提供一个促进深度思考的环境，使企业的认知模式发生巨大变化。

职能协调导向能够通过凸显企业智慧物流生态合作伙伴间的智能信息共享和智能运营协同的作用来实现企业智慧物流生态的价值创造。首先，职能间协调可以看作智慧物流生态价值创造的基础。职能协调消除了部门间交流的障碍，促进了职能部门间的合作。如果企业内部职能部门间没有通过集成数据共享信息，企业就不太可能与智慧物流生态合作伙伴共享数据和信息。只有当企业已经拥有完善的职能间协调系统，才可以在其内部职能部门之间集成数据和共享信息，从而更容易添加功能模块以连接物流生态内的合作伙伴，如客户和供应商。对于大多数企业来说，与不同智慧物流生态合作伙伴之间的互动是由不同部门进行的，例如，与供应商的互动主要是由采购部门进行的，而与客户的互动通常是由营销部门进行的，但这些部门都需要和物流部门协调，才能最终实现材料或产品的有效交付，从而真正满足合作伙伴的需求。职能间的协调有助于了解供应商和客户并与其密切合作，整个组织统一步调，充分发挥物流生态合作伙伴间的智能信息共享的价值。

从智慧物流生态中智能运营协同的角度来说，缺乏职能间的协调，企业不太可能充分发挥与生态合作伙伴达成运营协同的价值。具体来说，如果一家企业缺乏跨职能的协调，企业内部的流程将是分散的。企业难以推动与外部合作伙伴之间的运营协同。例如，广州司米橱柜工厂的智能物流规划建设过程中，主要考虑的是物流环节之间的有效衔接。如果只是单独做好了原材料物流、生产物流、成品物流的规划与设计，而没有将其有机地结合起来，实现有效衔接，那么整厂的物流系统将成为游兵散勇，各自为政，也不能为企业带来最大化的实力提升。所以，有效的内部职能合作可以增强企业与外部合作伙伴沟通和解决问题的能力。例如，工程和采购职能之间的协调有助于企业在物流过程中与供应商联合解决工程问题。因此，职能协调导向能够促进智慧物流生态合作伙伴间的智能信息共享和智能运营协同的价值的发挥。

总之，随着全球化和世界经济竞争的加剧，企业已经开始向市场导向转变管理观念。客户导向、竞争者导向和职能协调导向在智慧物流生态价值创造中具有重要作用，为理解智慧物流生态的价值创造机制提供了新的思路。首先，智慧物流生态中的企业需要理解市场导向中客户导向、竞争者导向和职能协调导向的内涵和差异，制定落实市场导向的物流生态建设的指导方针。其次，管理者需要注意市场导向在通过智能信息共享和智能运营协同提高企业绩效方面的关键作用。特别是客户导向、竞争者导向和职能协调导向的结合可以促进智能信息共享与智能运营协同，对整个智慧物流生态的绩效产生正向影响。因此，管理者在建设智慧物流生态时，应努力提高企业的市场导向，并根据业务特征有序培育客户导向、竞争者导向和职能协调导向。

参 考 文 献

蔡庆丰，田霖.2019. 产业政策与企业跨行业并购：市场导向还是政策套利. 中国工业经济，(1)：81-99.

池毛毛，叶丁菱，王俊晶，等.2020. 我国中小制造企业如何提升新产品开发绩效——基于数字化赋能的视角. 南开管理评论，23（3）：63-75.

池毛毛，赵晶，李延晖，等.2017. 企业平台双元性的实现构型研究：一项模糊集的定性比较分析. 南开管理评论，20（3）：65-76.

高沛然，李明. 2017. 组织 IT 资源对运作敏捷性影响的实证研究. 南开管理评论，20（5）：165-174.

谷方杰，张文锋.2020. 基于价值链视角下企业数字化转型策略探究：以西贝餐饮集团为例. 中国软科学，(11)：134-142.

顾琴轩，胡冬青，许彦妮.2021. 市场导向对组织创造力的非线性作用机理：组织二元结构文化与创业导向的影响研究. 中国管理科学，29（4）：237-248.

郝生宾，于渤，王瑜.2018. 新创企业市场导向对产品创新绩效的影响机制. 管理科学，31（5）：84-96.

胡媛媛，陈守明，仇方君.2021. 企业数字化战略导向、市场竞争力与组织韧性. 中国软科学，(S1)：214-225.

蒋天颖，孙伟，白志欣.2013. 基于市场导向的中小微企业竞争优势形成机理：以知识整合和组织创新为中介. 科研管理，34（6）：17-24，67.

焦豪.2011. 双元型组织竞争优势的构建路径：基于动态能力理论的实证研究. 管理世界，(11)：76-91，188.

李忆，司有和.2009. 关系情境、供应商承诺与合作效应的实证研究. 管理工程学报，23（2）：148-151.

刘华明，王勇，李后建.2016. 伙伴关系、物流能力与供应链整合关系研究. 中国管理科学，24（12）：148-157.

刘伟华.2020. 智慧物流生态链系统形成机理与组织模式. 北京：中国财富出版社.

单宇，许晖，周连喜，等.2021. 数智赋能：危机情境下组织韧性如何形成？：基于林清轩转危为机的探索性案例研究. 管理世界，37（3）：84-104，107.

宋光，王妍，宋少华，等.2019. 全渠道零售策略下的供应链整合与企业绩效关系研究. 管理评论，31（6）：238-246.

宋华.2020. 新冠肺炎疫情对供应链弹性管理的启示. 中国流通经济，34（3）：11-16.

田宇，杨艳玲.2016. 基于物流企业的服务创新研究：互动导向视角. 科研管理，37（2）：116-123.

王晓玉，张意姣，冉林瓒.2018. 企业的物流协同能力量表开发及其对市场导向与绩效关系的影响研究. 管理科学，31（5）：56-73.

阳银娟，陈劲. 2015. 开放式创新中市场导向对创新绩效的影响研究. 科研管理，36（3）：103-110.

叶飞，徐学军. 2009. 供应链伙伴特性、伙伴关系与信息共享的关系研究. 管理科学学报，12（4）：115-128.

叶飞，薛运普. 2011. 供应链伙伴间信息共享对运营绩效的间接作用机理研究：以关系资本为中间变量. 中国管理科学，19（6）：112-125.

周飞，沙振权，孙锐. 2019. 市场导向、资源拼凑与商业模式创新的关系研究. 科研管理，40（1）：113-120.

Amit R，Zott C. 2001. Value creation in E-business. Strategic Management Journal，22（6/7）：493-520.

Armstrong C P，Sambamurthy V. 1999. Information technology assimilation in firms：The influence of senior leadership and IT infrastructures. Information Systems Research，10（4）：304-327.

Aslam H，Blome C，Roscoe S，et al. 2018. Dynamic supply chain capabilities：How market sensing，supply chain agility and adaptability affect supply chain ambidexterity. International Journal of Operations & Production Management，38（12）：2266-2285.

Bai H X，Ran W X. 2022. Analysis of the vulnerability and resilience of the tourism supply chain under the uncertain environment of COVID-19：Case study based on Lijiang. Sustainability，14（5）：2571.

Bergkvist L，Eisend M. 2021. The dynamic nature of marketing constructs. Journal of the Academy of Marketing Science，49（3）：521-541.

Bharadwaj A S. 2000. A resource-based perspective on information technology capability and firm performance：An empirical investigation. MIS Quarterly，24（1）：169-196.

Bharadwaj A，El Sawy O A，Pavlou P A，et al. 2013. Digital business strategy：Toward a next generation of insights. MIS Quarterly，37（2）：471-482.

Bouncken R B，Ratzmann M，Tiberius V，et al. 2022. Pioneering strategy in supply chain relationships：How coercive power and contract completeness influence innovation. IEEE Transactions on Engineering Management，69（6）：2826-2841.

Brinch M. 2018. Understanding the value of big data in supply chain management and its business processes：Towards a conceptual framework. International Journal of Operations & Production Management，38（7）：1589-1614.

Cai S，Goh M，de Souza R，et al. 2013. Knowledge sharing in collaborative supply chains：Twin effects of trust and power. International Journal of Production Research，51（7）：2060-2076.

Cai Z，Liu H F，Huang Q A，et al. 2019. Developing organizational agility in product innovation：The roles of IT capability，KM capability，and innovative climate. R&D Management，49（4）：421-438.

Chae S，Choi T Y，Hur D. 2017. Buyer power and supplier relationship commitment：A cognitive evaluation theory perspective. Journal of Supply Chain Management，53（2）：39-60.

Chakravarty A，Grewal R，Sambamurthy V. 2013. Information technology competencies，organizational agility，and firm performance：Enabling and facilitating roles. Information Systems Research，24（4）：976-997.

Chaudhuri A，Boer H，Taran Y. 2018. Supply chain integration，risk management and manufacturing flexibility. International Journal of Operations & Production Management，38（3）：690-712.

Chen M，Liu H F，Wei S B，et al，2018. Top managers' managerial ties，supply chain integration，and firm performance in China：A social capital perspective. Industrial Marketing Management，74：205-214.

Chu Z F，Feng B，Lai F J. 2018. Logistics service innovation by third party logistics providers in China：Aligning guanxi and organizational structure. Transportation Research Part E：Logistics and Transportation Review，118：291-307.

Clauss T，Bouncken R B. 2019. Social power as an antecedence of governance in buyer-supplier alliances. Industrial Marketing Management，77：75-89.

Cohen W M，Levinthal D A. 1990. Absorptive capacity：A new perspective on learning and innovation. Administrative Science Quarterly，35（1）：128-152.

Cousins P D，Menguc B. 2006. The implications of socialization and integration in supply chain management. Journal of Operations Management，24（5）：604-620.

Dai J，Che W，Lim J J，et al. 2020. Service innovation of cold chain logistics service providers：A multiple-case study in China. Industrial Marketing Management，89：143-156.

Das T K，Teng B S. 2000. A resource-based theory of strategic alliances. Journal of Management，26（1）：31-61.

Daugherty P J，Chen H Z，Ferrin B G. 2011. Organizational structure and logistics service innovation. The International Journal of Logistics Management，22（1）：26-51.

DiMaggio P J，Powell W W. 1983. The iron cage revisited：Institutional isomorphism and collective rationality in organizational fields. American Sociological Review，48（2）：147-160.

Dubey R，Bryde D J，Foropon C，et al. 2021. An investigation of information alignment and collaboration as complements to supply chain agility in humanitarian supply chain. International Journal of Production Research，59（5）：1586-1605.

Engelen A，Gupta V，Strenger L，et al. 2015. Entrepreneurial orientation，firm performance，and the moderating role of transformational leadership behaviors. Journal of Management，41（4）：1069-1097.

Felipe C M，Leidner D E，Roldán J L，et al. 2020. Impact of IS capabilities on firm performance：The roles of organizational agility and industry technology intensity. Decision Sciences，51（3）：575-619.

Feng B，Ye Q. 2021. Operations management of smart logistics：A literature review and future research. Frontiers of Engineering Management，8（3）：344-355.

Flynn B B，Huo B，Zhao X. 2010. The impact of supply chain integration on performance：A contingency and configuration approach. Journal of Operations Management，28（1）：58-71.

Frohlich M T. 2002. E‐integration in the supply chain：Barriers and performance. Decision Sciences，33（4）：537-556.

Frohlich M T，Westbrook R. 2002. Demand chain management in manufacturing and services：Web-based integration，drivers and performance. Journal of Operations Management，20（6）：729-745.

Frösén J，Luoma J，Jaakkola M，et al. 2016. What counts versus what can be counted：The complex interplay of market orientation and marketing performance measurement. Journal of Marketing, 80（3）：60-78.

Gölgeci I, Kuivalainen O. 2020. Does social capital matter for supply chain resilience? The role of absorptive capacity and marketing-supply chain management alignment. Industrial Marketing Management, 84：63-74.

Grøgaard B, Rygh A, Benito G R G. 2019. Bringing corporate governance into internalization theory: State ownership and foreign entry strategies. Journal of International Business Studies, 50（8）：1310-1337.

Hahn G J. 2020. Industry 4.0: A supply chain innovation perspective. International Journal of Production Research, 58（5）：1425-1441.

Harrison J S, Hitt M A, Hoskisson R E, et al. 2001. Resource complementarity in business combinations: Extending the logic to organizational alliances. Journal of Management, 27（6）：679-690.

Heugens P P, Lander M W. 2009. Structure! Agency! (and other quarrels): A meta-analysis of institutional theories of organization. Academy of Management Journal, 52（1）：61-85.

Homburg C, Theel M, Hohenberg S. 2020. Marketing excellence: Nature, measurement, and investor valuations. Journal of Marketing, 84（4）：1-22.

Huo B, Gu M, Jiang B. 2018a. China-related POM research: Literature review and suggestions for future research. International Journal of Production Economics, 203：134-153.

Huo B, Tian M, Tian Y, et al. 2018b. The dilemma of inter-organizational relationships: Dependence, use of power and their impacts on opportunism. International Journal of Operations Production Management, 39（1）：2-23.

Ivanov D, Dolgui A, Sokolov B. 2018. The impact of digital technology and Industry 4.0 on the ripple effect and supply chain risk analytics. International Journal of Production Research, 57（3）：829-846.

Jajja M S S, Chatha K A, Farooq S. 2018. Impact of supply chain risk on agility performance: Mediating role of supply chain integration. International Journal of Production Economics, 205：118-138.

Jansen J J, van Den Bosch F A, Volberda H W. 2005. Managing potential and realized absorptive capacity: How do organizational antecedents matter? Academy of Management Journal, 48（6）：999-1015.

Jindal N. 2020. The impact of advertising and R&D on bankruptcy survival: A double-edged sword. Journal of Marketing, 84（5）：22-40.

Jnr B A, Petersen S A. 2020. Examining the digitalisation of virtual enterprises amidst the COVID-19 pandemic: A systematic and meta-analysis. Enterprise Information Systems, 15（5）：617-650.

Johnson J L. 1999. Strategic integration in industrial distribution channels: Managing the interfirm relationship as a strategic asset. Journal of the Academy of Marketing Science, 27（1）：4-18.

Kamble S S, Gunasekaran A, Subramanian N, et al. 2021. Blockchain technology's impact on supply chain integration and sustainable supply chain performance: Evidence from the automotive industry. Annals of Operations Research：1-26.

Katila R, Rosenberger J D, Eisenhardt K M. 2008. Swimming with sharks: Technology ventures, defense mechanisms and corporate relationships. Administrative Science Quarterly, 53 (2): 295-332.

Ke W L, Liu H F, Wei K K, et al. 2009. How do mediated and non-mediated power affect electronic supply chain management system adoption? The mediating effects of trust and institutional pressures. Decision Support Systems, 46 (4): 839-851.

Kearns G S, Sabherwal R. 2006. Strategic alignment between business and information technology: A knowledge-based view of behaviors, outcome, and consequences. Journal of Management Information Systems, 23 (3): 129-162.

Kim K, Moon H K. 2019. How do socialization tactics and supervisor behaviors influence newcomers' psychological contract formation? The mediating role of information acquisition. The International Journal of Human Resource Management, 32 (6): 1312-1338.

Kitsios F, Kamariotou M. 2023. Information systems strategy and innovation: Analyzing perceptions using multiple criteria decision analysis. IEEE Transactions on Engineering Management, 70 (5): 1977-1985.

Kouhizadeh M, Saberi S, Sarkis J. 2021. Blockchain technology and the sustainable supply chain: Theoretically exploring adoption barriers. International Journal of Production Economics, 231: 107831.

Krause D R, Handfield R B, Tyler B B. 2007. The relationships between supplier development, commitment, social capital accumulation and performance improvement. Journal of Operations Management, 25 (2): 528-545.

Kulp S C, Lee H L, Ofek E. 2004. Manufacturer benefits from information integration with retail customers. Management Science, 50 (4): 431-444.

Lamba K, Singh S P. 2018. Modeling big data enablers for operations and supply chain management. The International Journal of Logistics Management, 29 (2): 629-658.

Lee C H, Yang H C, Wei Y C, et al. 2021. Enabling blockchain based SCM systems with a real time event monitoring function for preemptive risk management. Applied Sciences, 11 (11): 4811.

Lee N C A, Wang E T, Grover V. 2020. IOS drivers of manufacturer-supplier flexibility and manufacturer agility. The Journal of Strategic Information Systems, 29 (1): 101594.

Lee O K D, Sambamurthy V, Lim K H, et al. 2015. How does IT ambidexterity impact organizational agility? Information Systems Research, 26 (2): 398-417.

Li Y A, Wang X C, Gong T Y, et al, 2022. Breaking out of the pandemic: How can firms match internal competence with external resources to shape operational resilience? . Journal of Operations Management, 69 (3): 384-403.

Liang H G, Wang N X, Xue Y J. 2022. Juggling information technology (IT) exploration and exploitation: A proportional balance view of IT ambidexterity. Information Systems Research, 33 (4): 1386-1402.

Liang H, Wang N, Xue Y, et al. 2017. Unraveling the alignment paradox: How does business—IT alignment shape organizational agility? Information Systems Research, 28 (4): 863-879.

Liu A, Liu H, Gu J. 2021. Linking business model design and operational performance: The mediating role of supply chain integration. Industrial Marketing Management, 96: 60-70.

Liu H，Ke W，Wei K K，et al. 2010. The role of institutional pressures and organizational culture in the firm's intention to adopt internet-enabled supply chain management systems. Journal of Operations Management，28（5）：372-384.

Liu H，Ke W，Wei K K，et al. 2013. Effects of supply chain integration and market orientation on firm performance evidence from China. International Journal of Operations & Production Management，33（3/4）：322-346.

Liu H，Ke W，Wei K K，et al. 2015. Influence of power and trust on the intention to adopt electronic supply chain management in China. International Journal of Production Research，53（1）：70-87.

Liu H，Wei S，Ke W，et al. 2016. The configuration between supply chain integration and information technology competency : A resource orchestration perspective. Journal of Operations Management，44：13-29.

Lui S S，Ngo H Y. 2004. The role of trust and contractual safeguards on cooperation in non-equity alliances. Journal of Management，30（4）：471-485.

Malhotra A，Gosain S，Sawy O A E. 2005. Absorptive capacity configurations in supply chains: Gearing for partner-enabled market knowledge creation. MIS Quarterly，29（1）：145-187.

Mao H，Liu S，Zhang J，et al. 2020. Information technology competency and organizational agility: roles of absorptive capacity and information intensity. Information Technology & People，34（1）：421-451.

Matsuno K，Kohlbacher F. 2020. Proactive marketing response to population aging: The roles of capabilities and commitment of firms. Journal of Business Research，113：93-104.

Meqdadi O，Johnsen T E，Johnsen R E. 2017. The role of power and trust in spreading sustainability initiatives across supply networks: A case study in the bio-chemical industry. Industrial Marketing Management，62：61-76.

Mitra S，Singhal V. 2008. Supply chain integration and shareholder value: Evidence from consortium based industry exchanges. Journal of Operations Management，26（1）：96-114.

Morgeson F P. 2005. The external leadership of self-managing teams: Intervening in the context of novel and disruptive events. Journal of Applied Psychology，90（3）：497.

Munir M，Jajja M S S，Chatha K A，et al. 2020. Supply chain risk management and operational performance: The enabling role of supply chain integration. International Journal of Production Economics，227：107667.

Netemeyer R G，Boles J S，McKee D O，et al. 1997. An investigation into the antecedents of organizational citizenship behaviors in a personal selling context. Journal of Marketing，61（3）：85-98.

Núñez-Merino M，Maqueira-Marín J M，Moyano-Fuentes J，et al. 2020. Information and digital technologies of industry 4.0 and lean supply chain management: A systematic literature review. International Journal of Production Research，58（16）：5034-5061.

Olan F，Arakpogun E O，Jayawickrama U，et al，2022. Sustainable supply chain finance and supply networks: The role of artificial intelligence. IEEE Transactions on Engineering Management，PP（99）：1-16.

Osiyevskyy O，Shirokova G，Ritala P. 2020. Exploration and exploitation in crisis environment:

Implications for level and variability of firm performance. Journal of Business Research，114：227-239.

Patrucco A S，Kähkönen A K. 2021. Agility，adaptability，and alignment：New capabilities for PSM in a post-pandemic world. Journal of Purchasing and Supply Management，27（4）：100719.

Pedrosa A D M，Blazevic V，Jasmand C. 2015. Logistics innovation development：A micro-level perspective. International Journal of Physical Distribution & Logistics Management，45（4）：313-332.

Pereira V，Mohiya M. 2021. Share or hide？Investigating positive and negative employee intentions and organizational support in the context of knowledge sharing and hiding. Journal of Business Research，129：368-381.

Pettit T J，Croxton K L，Fiksel J. 2019. The evolution of resilience in supply chain management：A retrospective on ensuring supply chain resilience. Journal of Business Logistics，40（1）：56-65.

Pu X，Wang Z，Chan F T. 2020. Adoption of electronic supply chain management systems：The mediation role of information sharing. Industrial Management Data Systems，120（11）：1977-1999.

Qi Q，Tao F，Cheng Y，et al. 2021. New IT driven rapid manufacturing for emergency response. Journal of Manufacturing Systems，60：928-935.

Queiroz M M，Ivanov D，Dolgui A，et al，2022. Impacts of epidemic outbreaks on supply chains：Mapping a research agenda amid the COVID-19 pandemic through a structured literature review. Annals of Operations Research，319（1）：1159-1196.

Queiroz M，Tallon P P，Sharma R，et al. 2018. The role of IT application orchestration capability in improving agility and performance. The Journal of Strategic Information Systems，27（1）：4-21.

Quinn R E，Rohrbaugh J. 1983. A spatial model of effectiveness criteria：Towards a competing values approach to organizational analysis. Management Science，29（3）：363-377.

Rai A，Patnayakuni R，Seth N. 2006. Firm performance impacts of digitally enabled supply chain integration capabilities. MIS Quarterly，30（2）：225-246.

Rajahonka M，Bask A. 2016. The development of outbound logistics services in the automotive industry：A logistics service provider's view. International Journal of Logistics Management，27（3）：707-737.

Ramaswamy V，Ozcan K. 2018. What is co-creation？An interactional creation framework and its implications for value creation. Journal of Business Research，84：196-205.

Rapaccini M，Saccani N，Kowalkowski C，et al. 2020. Navigating disruptive crises through service-led growth：The impact of COVID-19 on Italian manufacturing firms. Industrial Marketing Management，88：225-237.

Ravichandran T. 2018. Exploring the relationships between IT competence，innovation capacity and organizational agility. Journal of Strategic Information Systems，27（1）：22-42.

Reimann F，Ketchen Jr D J. 2017. Power in supply chain management. Journal of Supply Chain Management，53（2）：3-9.

Reuschl A J，Deist M K，Maalaoui A. 2022. Digital transformation during a pandemic：Stretching the organizational elasticity. Journal of Business Research，144：1320-1332.

Rozak H A, Adhiatma A, Fachrunnisa O, et al. 2021. Social media engagement, organizational agility and digitalization strategic plan to improve SMEs' performance. IEEE Transactions on Engineering Management, PP (99): 1-10.

Schiavone F, Sabetta A, Leone D, et al. 2021. Industrial convergence and industrial crisis: A situational analysis about precision medicine during the COVID-19 pandemic. IEEE Transactions on Engineering Management, PP (99): 1-12.

Shee H, Miah S J, Fairfield L, et al. 2018. The impact of cloud-enabled process integration on supply chain performance and firm sustainability: The moderating role of top management. Supply Chain Management: An International Journal, 23 (6): 500-517.

Shekarian M, Reza Nooraie S V, Parast M M. 2020. An examination of the impact of flexibility and agility on mitigating supply chain disruptions. International Journal of Production Economics, 220: 107438.

Sheng H, Feng T, Chen L, et al. 2021. Operational coordination and mass customization capability: The double-edged sword effect of customer need diversity. The International Journal of Logistics Management, 33 (1): 289-310.

Sheng M L, Saide S. 2021. Supply chain survivability in crisis times through a viable system perspective: Big data, knowledge ambidexterity, and the mediating role of virtual enterprise. Journal of Business Research, 137: 567-578.

Siawsh N, Peszynski K, Young L, et al. 2021. Exploring the role of power on procurement and supply chain management systems in a humanitarian organisation: A socio-technical systems view. International Journal of Production Research, 59 (12): 3591-3616.

Sodhi M S, Tang C S. 2021. Extending AAA capabilities to meet PPP goals in supply chains. Production and Operations Management, 30 (3): 625-632.

Stocchi L, Pourazad N, Michaelidou N, et al. 2022. Marketing research on mobile apps: Past, present and future. Journal of the Academy of Marketing Science, 50 (2): 195-225.

Subramanian N, Abdulrahman M D. 2017. Logistics and cloud computing service providers' cooperation: A resilience perspective. Production Planning & Control, 28 (11/12): 919-928.

Tan C L, Tei Z, Yeo S F, et al. 2022. Nexus among blockchain visibility, supply chain integration and supply chain performance in the digital transformation era. Industrial Management & Data Systems.

Tan F T C, Pan S L, Zuo M. 2019. Realising platform operational agility through information technology‐enabled capabilities: A resource‐interdependence perspective. Information Systems Journal, 29 (3): 582-608.

Teece D, Peteraf M, Leih S. 2016. Dynamic capabilities and organizational agility: Risk, uncertainty, and strategy in the innovation economy. California Management Review, 58 (4): 13-35.

Tippins M J, Sohi R S. 2003. IT competency and firm performance: Is organizational learning a missing link? Strategic Management Journal, 24 (8): 745-761.

Tollin K, Christensen L B. 2019. Sustainability marketing commitment: Empirical insights about its drivers at the corporate and functional level of marketing. Journal of Business Ethics, 156 (4): 1165-1185.

Tönnissen S, Teuteberg F. 2020. Analysing the impact of blockchain-technology for operations and supply chain management: An explanatory model drawn from multiple case studies. International Journal of Information Management, 52: 101953.

Wagner S M, Sutter R. 2012. A qualitative investigation of innovation between third-party logistics providers and customers. International Journal of Production Economics, 140 (2): 944-958.

Wallenburg C M, Johne D, Cichosz M, et al. 2019. Alignment mechanisms for supplier-initiated innovation: Results from the logistics service industry. Journal of Purchasing and Supply Management, 25 (5): 100575.

Wamba S F, Akter S. 2019. Understanding supply chain analytics capabilities and agility for data-rich environments. International Journal Of Operations & Production Management, 39(6/7/8): 887-912.

Wamba S F, Dubey R, Gunasekaran A, et al. 2020. The performance effects of big data analytics and supply chain ambidexterity: The moderating effect of environmental dynamism. International Journal of Production Economics, 222: 107498.

Wei S, Ke W, Liu H, et al. 2020. Supply chain information integration and firm performance: Are explorative and exploitative IT capabilities complementary or substitutive? Decision Sciences, 51 (3): 464-499.

Wielgos D M, Homburg C, Kuehnl C, 2021. Digital business capability: Its impact on firm and customer performance. Journal of the Academy of Marketing Science, 49 (4): 762-789.

Wong W P, Sinnandavar C M, Soh K L. 2021. The relationship between supply environment, supply chain integration and operational performance: The role of business process in curbing opportunistic behaviour. International Journal of Production Economics, 232: 107966.

Yu W T, Chavez R, Jacobs M A, et al, 2022. Openness to technological innovation, supply chain resilience, and operational performance: Exploring the role of information processing capabilities. IEEE Transactions on Engineering Management, PP (99): 1-13.

Zahra S A, George G. 2002. Absorptive capacity: A review, reconceptualization, and extension. Academy of Management Review, 27 (2): 185-203.

Zhang L Q, Liu H F, Cai Z, 2022a. Addressing the consensus on information sharing in CPFR information systems: Insights from manufacturer–retailer dyads. International Journal of Production Research, 60 (11): 3569-3588.

Zhang M, Liu H, Chen M, et al. 2022b. Managerial ties: How much do they matter for organizational agility? Industrial Marketing Management, 103: 215-226.

Zhao X D, Huo B F, Flynn B B, et al. 2008. The impact of power and relationship commitment on the integration between manufacturers and customers in a supply chain. Journal of Operations Management, 26 (3): 368-388.

Zhou J M, Bi G B, Liu H F, et al. 2018. Understanding employee competence, operational IS alignment, and organizational agility - An ambidexterity perspective. Information & Management, 55 (6): 695-708.

Zhu Q, Krikke H, Caniëls M C. 2018. Supply chain integration: Value creation through managing inter-organizational learning. International Journal of Operations & Production Management, 38 (1): 211-229.